LA FONTAINE

MORALISTE

« Parler de La Fontaine n'est jamais un ennui, même quand on serait sûr de n'y rien apporter de nouveau. »

(SAINTE-BEUVE.)

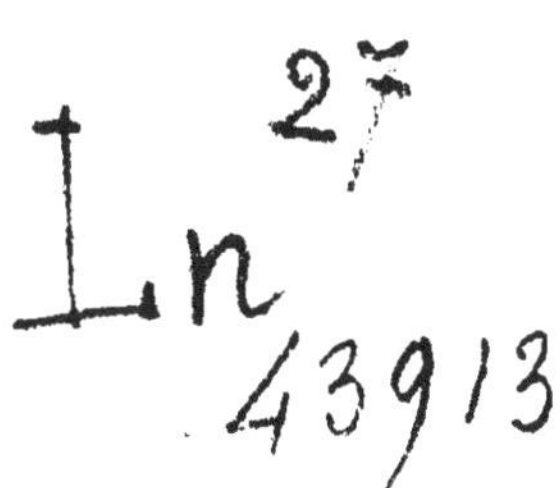

Ce volume a été déposé au ministère de l'intérieur (section de la librairie) en mars 1896.

DU MÊME AUTEUR, A LA MÊME LIBRAIRIE :

La France sous l'ancien régime. *Le gouvernement et les institutions*. Un volume in-8°. Prix.............. 7 fr. 50

La France sous l'ancien régime. *Les usages et les mœurs*. Un volume in-8°. Prix.................... 7 fr. 50

(*Couronné par l'Académie française, second prix Gobert*.)

La France pendant la Révolution. Deux volumes in-8° (traduit en russe). Prix............................ 15 fr.

La Vie en France sous le premier Empire. Un volume in-8°. Prix............................ 7 fr. 50

Dix ans de la vie d'une femme pendant l'émigration. *Adélaïde de Kerjean, marquise de Falaiseau*, d'après des lettres inédites et des souvenirs de famille. 2e édition. Un volume in-8°. Prix........................... 7 fr. 50

PARIS. TYP. DE E. PLON, NOURRIT ET Cie, 8, RUE GARANCIÈRE. — 1314.

Vicomte DE BROC

LA FONTAINE

MORALISTE

PARIS

LIBRAIRIE PLON

E. PLON, NOURRIT ET Cie, IMPRIMEURS-ÉDITEURS

RUE GARANCIÈRE, 10

1896

LA FONTAINE
MORALISTE

CHAPITRE PREMIER

DE L'ATTRAIT DES FABLES DE LA FONTAINE

La Fontaine, qui charme l'âge mûr et distrait la vieillesse, se mêle à nos souvenirs d'enfance. Nous avons appris à l'aimer sur les genoux de nos mères. Nous avons récité ses fables, d'abord sans les comprendre, sans en sentir la profondeur et le génie. Nous faisions surtout connaissance, alors, avec les bêtes; nous nous intéressions aux récits de leurs aventures; nous étions émerveillés de leur esprit et nous recevions d'elles des leçons de morale que nous aurions acceptées moins facilement de nos maîtres. Nous ne pouvions nous empêcher de rire de la vanité du corbeau laissant tomber son fromage, et nous nous attendrissions sur le sort de l'agneau dont l'innocence n'a pas fléchi la cruauté du loup.

Que de fois n'avons-nous pas feuilleté les volumes où ces scènes sont représentées au moyen d'illustrations qui enrichissent le texte et contribuent à le graver dans la mémoire!

Les fables, compagnes de nos jeunes années, nous ont suivis sur le chemin de la vie; elles n'en ont pas ôté les épines, mais elles l'ont semé de fleurs que nous aimons à cueillir et dont nous respirons le parfum. Elles égayent les jours sombres, et voilent de sourires et de badinages les maux et les chagrins de l'humanité.

A mesure que nous voyons s'allonger sur nos têtes la grande ombre du soir, que les rides sillonnent nos fronts, que la neige des hivers blanchit nos cheveux, nous aimons un peu plus ces amies d'enfance. Elles n'ont pas vieilli comme nous et se prêtent à notre humeur, à nos caprices. Elles trouvent moyen de nous instruire encore en nous réjouissant. Elles nous donnent de nouveaux plaisirs, et nous y découvrons sans cesse des beautés que nous n'avions pas aperçues. Plus nous avons vécu, plus nous reconnaissons qu'elles joignent à l'expérience et à la vérité la grâce qui attire, la gaieté qui répand dans l'âme attristée ou déçue la chaleur de son soleil bienfaisant et l'illumine de ses rayons.

Les moralistes ont souvent raison. Nous ne pouvons guère les contredire quand ils nous parlent de nos erreurs et de nos misères; mais nous leur en savons mauvais gré, car ils semblent moins nous avertir que nous gronder. Ils nous présentent une image où nous sommes fâchés de nous reconnaître. Aussi la lecture de La Bruyère et de La Rochefoucauld n'est pas celle que nous recherchons de préférence aux heures mélancoliques. Nous louons la finesse et la pénétration de ces observateurs chagrins, de ces mécontents de la nature humaine; mais par eux nous ne nous sentons ni consolés, ni encouragés; la ressemblance du portrait nous afflige; elle ne nous laisse pas l'illusion chère aux mortels avides de chimères.

La vérité fait bien de couvrir sa nudité des ornements de la fable. Pour réussir et trouver du crédit, il lui faut des atours, et l'apologue est pour elle cette parure qui dispose en sa faveur nos préjugés, en lui donnant l'art le plus utile, le plus précieux, celui de plaire.

La fable est presque aussi ancienne que le monde; elle correspond aux instincts de l'humanité, au goût de toutes les époques et de tous les peuples, cherchant dans la fiction un délassement, une diversion aux misères et aux réalités. Pour lui trouver des ancêtres, il faut remonter à Ésope et à Phèdre, les premiers maîtres du genre.

Le moyen âge vit éclore de nombreuses fables où figurent des animaux, des fabliaux dans lesquels la satire se donna un libre cours, et qui ne ménageaient personne, pas même les gens d'Église. Le renard, servant de type et rassemblant en lui toutes les perfidies humaines, est le sujet d'un poème allégorique, le *Roman du renard*, qu'on a pu appeler spirituellement « une fable de La Fontaine en quatre volumes (1) ».

Les fables, par leur brièveté, ne risquent jamais de fatiguer l'attention, et comme elles traitent de choses familières, elles sont comprises des esprits simples et pénètrent facilement partout.

Selon une remarque très judicieuse de Saint-Marc-Girardin, « la fable fait partie des genres qui composent la littérature populaire... Toutes les fois qu'un genre de littérature a besoin du merveilleux, il faut que l'imagination vienne à son aide. Il n'y a que le peuple qui s'entende au merveilleux, et comme la fable fait usage du merveilleux, elle l'emprunte au peuple qui seul sait le créer.

« La fable, de ce côté, tient de plus près qu'on

(1) Saint-Marc-Girardin, *La Fontaine et les fabulistes*, édit. 1887, t. I, p. 150.

ne le croit à l'épopée... Le peuple ne fait pas d'épopées; mais on n'en fait pas sans lui... Sans faire un aussi grand usage du merveilleux que l'épopée, la fable cependant en comporte une dose qui dépasse l'imagination d'un poète ou d'un auteur particulier; un poète n'aurait jamais pu créer à lui seul le merveilleux de la fable, tout modeste qu'il est. Il n'aurait jamais pu surtout y faire croire; il n'est accepté si aisément de tout le monde que parce qu'il vient de tout le monde (1). »

Sans cette collaboration du public, en effet, le fabuliste serait condamné d'avance. Ses sujets reposent sur une fiction; ils sont contraires à la vraisemblance, puisque les bêtes ne parlent pas et n'ont jamais parlé. Mais l'auteur peut tout oser, car il a ses lecteurs pour complices.

La Fontaine n'a pas créé le genre, il était populaire avant lui; mais il se l'est approprié, au point de l'absorber, pour ainsi dire, d'en

(1) *La Fontaine et les fabulistes*, t. II, p. 252, 253.

être le représentant par excellence et le type le plus achevé (1). Dans ce genre, il a eu des devanciers et des successeurs, il n'a point eu d'égal. Il a emprunté la plupart de ses sujets; mais il les a faits siens, et, en imitant, il est devenu inimitable. Il est vraiment créateur par la langue, par le style et l'expression. Il n'a pu faire école, tant sa manière est personnelle, tant elle est à lui. Florian, malgré des mérites réels, reste bien au-dessous de lui. L'esprit philosophique et raisonneur du dix-huitième siècle, si peu propice au merveilleux et aux œuvres d'imagination, la fadeur et les grâces maniérées de l'époque se reflètent dans ses fables, qui n'ont ni le naturel, ni la gaieté piquante de celles de La Fontaine. Ses bêtes semblent à peu près toutes faites d'après le même modèle, au lieu d'avoir leur caractère propre; elles apparaissent avec l'intention trop évidente de moraliser; on devine en elles des

(1) « La fable n'est chez La Fontaine que la forme préférée d'un génie bien plus vaste que ce genre de poésie. » (Vinet.)

écolières de Mme de Genlis. La Fontaine, au contraire, entre si bien dans la nature des animaux qu'il les fait parler avec les sentiments et les idées que nous leur supposons, et n'a jamais l'air de les introduire sur la scène dans le but de nous donner des leçons. C'est par là qu'il nous intéresse à ses acteurs et imprime à ses récits quelque chose de vivant et d'animé. Par là, il a su revêtir la fable d'un attrait qu'elle n'avait pas avant lui et qu'elle n'a pas retrouvé depuis.

Le but de la fable est de nous transporter dans un monde irréel, en cachant sous la fiction des vérités morales. Elle instruit en badinant, et trouve moyen de nous censurer, sans nous déplaire. Voilà le secret de la séduction qu'elle exerce sur l'esprit humain, et que la Fontaine a si bien définie dans ces vers :

L'apologue est un don qui vient des immortels;
Ou si c'est un présent des hommes,
Quiconque nous l'a fait mérite des autels :
Nous devons tous, tant que nous sommes,

Ériger en divinité
Le sage par qui fut ce bel art inventé.
C'est proprement un charme : il rend l'âme attentive,
Ou plutôt il la tient captive,
Nous attachant à des récits
Qui mènent à son gré les cœurs et les esprits (1).

Ce charme, nul ne l'a possédé et ne le possédera comme La Fontaine. Il ne doit pas seulement son succès au genre vers lequel nous incline le besoin que nous avons d'être amusés ; il le doit à lui-même, à la grâce d'un esprit toujours varié, à la gaieté de ses tableaux qui nous réconcilient avec le monde et avec la vie, au moment même où ils nous en montrent les injustices, les épreuves et les misères.

Ses copies deviennent des originaux. Il embellit tout ce qu'il touche. Ésope et Phèdre lui fournissent-ils la trame d'une fable ? Il les brode avec son imagination et en fait un riche tissu où l'on ne reconnaît plus la matière première dont il s'est servi.

(1) *Fables,* liv. VII. Dédicace à Mme de Montespan.

Il communique à ses personnages le mouvement, la chaleur et la vie; il excelle à peindre d'un mot, d'une expression, à faire voir tout un monde à travers de petits détails.

Il ne s'arrête jamais longtemps aux mêmes endroits. Il nous promène au gré de sa fantaisie; il ne marche pas pesamment; il a des ailes, et cette légèreté est un des attraits de son talent. Il s'est dépeint lui-même, en se comparant au papillon et aux abeilles :

Je m'avoue, il est vrai, s'il faut parler ainsi,
Papillon du Parnasse, et semblable aux abeilles
A qui le bon Platon compare nos merveilles :
Je suis chose légère et vole à tout sujet;
Je vais de fleur en fleur et d'objet en objet (1).

Il revient à cette comparaison et nous livre le secret de son art, quand il dit :

La bagatelle, la science,
Les chimères, le rien, tout est bon : je soutiens
Qu'il faut de tout aux entretiens.

(1) *OEuvres diverses*. Discours à Mme de la Sablière.

C'est un parterre où Flore épand ses biens ;
Sur différentes fleurs l'abeille s'y repose
Et fait du miel de toute chose (1).

Il énonce, dans l'épilogue qui termine le VIe livre des Fables, un précepte auquel il s'est conformé sans peine :

Loin d'épuiser une matière,
On n'en doit prendre que la fleur.

Quand il traite un sujet, il l'attire à lui ; il le pare des richesses de son style ; il se garde bien de l'épuiser. En ne disant pas tout, il nous laisse à penser, sans nous laisser rien à désirer. Nous avons des jouissances d'esprit qui ne nous coûtent ni effort, ni fatigue.

Avoir la légèreté, la grâce, unir le charme à la raison et à la vérité, renfermer des préceptes de morale et de philosophie dans des apologues tour à tour éloquents et familiers, nous conduire par des chemins fleuris à la connaissance du

(1) Liv. X, fable 1, discours à Mme de la Sablière.

monde et de la vie réelle, nous enseigner la sagesse et le bon sens, c'est ce que fait La Fontaine de la façon en apparence la plus simple et la plus naturelle, et par là s'explique l'attrait toujours nouveau de ses fables, l'empire qu'elles exercent à toutes les époques et sur toutes les conditions.

« Quel prestige peut ainsi fixer tous les esprits et tous les goûts? Qui peut frapper les enfants d'ailleurs si incapables de sentir tant de beautés? C'est la simplicité de ces formules où ils retiennent la langue de la conversation; c'est le jeu presque théâtral de ces scènes si courtes, si animées; c'est l'intérêt qu'il leur fait prendre à ses personnages, en les mettant sous leurs yeux, illusion qu'on ne retrouve plus chez leurs imitateurs qui ont beau appeler un singe Bertrand et un chat Raton, ne montrent jamais ni un chat, ni un singe. Qui peut frapper tous les peuples? C'est ce fonds de raison universelle répandu dans ses fables; c'est ce tissu de leçons convenables à tous les états de la vie; c'est cette intime liaison de petits objets à de grandes vérités (1). »

Les écrivains que nous admirons le plus ne sont pas toujours ceux que nous aimons le mieux. La sublimité de Corneille, l'harmonie de Racine nous transportent sur les sommets qu'ils ont atteints. Les chefs-d'œuvre du dix-septième siècle ont frappé de bonne heure nos esprits, et plus tard nous revenons à eux comme à d'anciennes connaissances. Mais La Fontaine est pour nous quelque chose de plus ; il est comme un des dieux lares de notre foyer. Il a pris possession de nous ; il s'est emparé de notre imagination et vit dans notre mémoire.

En prêtant aux animaux des idées, des sentiments, et en les traduisant dans la langue des hommes, il nous fait assister à une comédie perpétuelle, et nous force de convenir de nos défauts et de nos travers, qu'il nous présente sous des traits piquants, ingénieux. Ce n'est

(1) CHAMFORT, *Éloge de La Fontaine* (1774).

plus lui qui parle et qui agit ; ce sont les bêtes qu'il introduit sur son théâtre et que nous ne nous lassons pas de regarder et d'entendre. Il n'y a pas de qualité dont nous sachions meilleur gré à un auteur que celle d'être divertissant, et La Fontaine la possède au suprême degré. Il sait que l'humanité a besoin d'être conduite avec des lisières, et qu'elle reste avec les faiblesses et les penchants de l'enfance dont les joies se composent d'illusions. Il a éprouvé lui-même le doux empire des chimères, en nous le faisant aimer davantage, et il l'a exprimé dans ces vers :

Nous sommes tous d'Athène en ce point ; et moi-même,
Au moment que je fais cette moralité,
 Si Peau-d'Ane m'était conté,
 J'y prendrais un plaisir extrême.
Le monde est vieux, dit-on. Je le crois ; cependant
Il le faut amuser encor comme un enfant (1).

La Fontaine s'est amusé en amusant les autres. Il a su correspondre à notre nature,

(1) Liv. VIII, fable 4. *Le pouvoir des fables.*

flatter nos goûts, distraire notre ennui, dérider nos fronts, et composer le livre de toutes les saisons de la vie. On ne peut parler de la Fable, sans que son nom se présente aussitôt à l'esprit. Il y règne en souverain ; elle est son domaine, et il efface tous ceux qui l'ont occupé avant ou après lui. Dans chacun de ses lecteurs, il a un ami fidèle. Il est celui de tous les âges, et ces œuvres fines et légères traversent les siècles, sans être effleurées par le temps ou l'inconstance humaine, gardant leur grâce souriante et leur jeunesse éternelle.

CHAPITRE II

LA FONTAINE

I. Le caractère de l'homme. — II. Le génie de l'écrivain.

I

Pour être vraiment poète, il faut presque ignorer la vie réelle, ne connaître que la vie de l'esprit, de l'imagination, échapper aux contraintes du monde, à la servitude des devoirs. Il faut se donner au rêve plus qu'à la réalité, s'affranchir des soins, des obligations qui nous entourent de mille chaînes et absorbent la meilleure part de nos jours.

La Fontaine a réalisé l'idéal du poète. Il n'a existé que pour la poésie, pour l'art auquel, prédestiné du génie, il s'est consacré tout entier depuis sa jeunesse. Il lui est resté fidèle jusque sur le bord de la tombe.

Il n'a pas eu seulement des admirateurs, mais de vrais amis qui l'ont recueilli et ont veillé sur lui.

N'ayant pas eu à pourvoir aux besoins de l'existence matérielle, il a pu suivre plus librement sa vocation poétique, s'abandonner à sa rêverie, errer dans les sentiers où il a rencontré les inspirations qu'ont traduites ses chefs-d'œuvre.

L'Église a possédé La Fontaine ; mais elle ne l'a pas gardé longtemps. A dix-neuf ans, nous le trouvons dans la congrégation de l'Oratoire, qu'il quitta dix-huit mois après. Sa sortie nous étonne moins que son entrée.

La Cour ne l'a pas gardé beaucoup plus longtemps que l'Église. Nommé en 1667 gentilhomme de la chambre, chez Madame Henriette d'Angleterre, duchesse d'Orléans, il n'en remplit guère les fonctions et en perdit les avantages, en 1671, à la mort de la princesse qu'a immortalisée Bossuet. Il n'y a rien d'un homme de Cour dans cet indépendant qui ne sait pas se plier aux caprices des autres et ne veut suivre que les siens.

Pourvu de la charge de maître des eaux et forêts, il se défit d'un emploi qui était encore une chaîne, et dont il s'acquitta sans le moindre zèle. La charge de conteur est la seule qui semble faite pour lui, et il n'a jamais songé à s'en démettre.

Il prend femme à vingt-six ans, puis il quitte sa femme (1) comme il avait quitté son emploi. Il s'en sépare sans éclat, sans scandale, aussi incapable de constance que de mauvais procédés. Il continue de voir quelquefois celle à qui il a donné son nom, et lui adresse des lettres charmantes où il lui raconte avec esprit et gaieté ses impressions et ses aventures de voyage (2). Racine et Boileau lui persuadent un jour qu'il doit se rapprocher d'elle. Il part pour Château-Thierry et ne trouve pas sa femme chez elle. Elle était à l'église. Il se laisse inviter à souper

(1) Elle s'appelait Marie Héricart.

(2) Elles figurent dans le recueil de ses œuvres complètes.

par un ami, accepte son hospitalité et repart le lendemain pour Paris, ayant oublié le but de son voyage. De retour dans la capitale, on lui demande comment les choses se sont passées. « Je n'ai pas vu ma femme, répond-il le plus naturellement du monde ; elle était au salut. »

Un fils était né de cette union mal assortie. Il avait été élevé sans que La Fontaine eût paru se souvenir de son existence. Plus tard, il le rencontra sans le reconnaître. On le lui nomma, et il dit « qu'il croyait avoir vu ce jeune homme quelque part ». Ce fut tout ce qu'on put en tirer. Quelque temps après, il retrouva encore son fils chez un docteur de Sorbonne et ne le reconnut pas mieux que la première fois.

De pareils traits peignent l'homme tout esprit, tout imagination, qui ne sait être ni mari, ni père, oublieux des graves devoirs de la vie, fidèle seulement à la muse et toujours poète.

Ses distractions étaient innombrables. Il aurait pu en remontrer au *Ménalque* de La

Bruyère. Tallemant des Réaux parle de lui assez cavalièrement : « Un garçon de belles-lettres et qui fait des vers, nommé La Fontaine, est un grand rêveur. » Et à l'appui de cette assertion, il raconte les traits suivants :

« Son père qui est maître des eaux et forêts de Château-Thierry, en Champagne, pour un procès lui dit : Tiens, va vite faire telle chose, cela presse. La Fontaine sort et n'est pas plus tôt hors du logis qu'il oublie ce que son père lui avait dit. Il rencontre de ses camarades qui, lui ayant demandé s'il n'avait point d'affaires : Non, leur dit-il, et il alla à la comédie avec eux.

« Une autre fois, en venant de Paris, il attacha à l'arçon de sa selle un gros sac de papiers importants. Le sac était mal attaché et tombe. L'ordinaire passe, ramasse le sac, et ayant trouvé La Fontaine, lui demande s'il n'avait rien perdu. Ce garçon regarde de tous côtés : Non, ce dit-il, je n'ai rien perdu. — Voilà un sac que j'ai trouvé, lui dit l'autre. — Ah ! c'est mon sac, s'écria La Fontaine, il y va de tout mon bien. Il le porta entre ses bras jusqu'au gîte (1). »

Étant en voyage, il lui arrive de se tromper d'hôtellerie. Il est sur le point de commander son dîner dans celle où il n'était pas attendu. Il en sort et va dans un jardin, un Tite-Live à la main. Il se laisse captiver par cette lecture et s'y attarde tellement que son appétit ne parvient pas à l'avertir de l'heure du repas. Lorsqu'on vint le chercher, il courut à l'hôtel, « où j'arrivai, dit-il, assez à temps pour compter (2) ».

La duchesse de Bouillon, allant un matin à Versailles, le rencontra sous un arbre et le retrouva, le soir, à son retour, au même endroit, dans la même attitude, quoiqu'il fît très froid et que la pluie n'eût cessé de tomber toute la journée. Sans doute, il rêvait alors à une de ses fables, car il composait partout. La nature, sa grande inspiratrice, lui tenait lieu de bibliothèque, et il trouvait ses sujets en se prome-

(1) *Historiettes*, t. II, p. 368.

(2) *Lettres à Mme de La Fontaine*. 3 septembre 1663.

nant, en observant le caractère et les mœurs des animaux qu'il a mis en scène.

Étant attendu, un jour, à dîner chez un de ses amis, il arriva lorsque le repas était terminé. On lui demanda le motif de ce retard. Il répondit qu'il venait de l'enterrement d'une fourmi, qu'il avait suivi le convoi dans le jardin et reconduit la famille jusqu'à la maison, c'est-à-dire jusqu'à la fourmilière; puis il se mit à décrire les habitudes de ces petites bêtes (1).

Dans une discussion qu'il eut avec Molière et Boileau sur le genre dramatique, il condamnait les apartés. « Rien, disait-il, n'est plus contraire au bon sens. Quoi! le parterre entendra ce qu'un acteur n'entend pas, quoiqu'il soit à côté de celui qui parle? » Il suivit son idée et la développa en s'animant de plus en plus. « Il faut, dit alors Boileau à haute voix, que La Fontaine soit un grand coquin, un grand ma-

(1) WALCKENAER, *Histoire de la vie et des ouvrages de La Fontaine*, p. 154. 1820, in-8°.

raud. » Et il répéta ces mots, sans que La Fontaine interrompît son argumentation. A la fin, étonné des éclats de rire qu'il provoquait, il sembla sortir d'un rêve. « De quoi donc riez-vous? demanda-t-il. — Comment, lui dit Boileau, je m'épuise à vous dire des injures que vous n'entendez pas, quoique je sois près de vous, et vous êtes surpris qu'un acteur au théâtre n'entende pas un aparté qu'un autre acteur dit à côté de lui? »

Louis XIV se montrait défavorable à sa réception à l'Académie, à cause de ses *Contes*. Désireux de le fléchir, La Fontaine obtint la faveur de lui présenter un exemplaire de ses fables, et composa une pièce de vers de circonstance, destinée au Roi près duquel il fut introduit. Il chercha alors dans sa poche, mais en vain, les vers qu'il avait oubliés. « Monsieur de La Fontaine, dit avec bienveillance Louis XIV, ce sera pour une autre fois. »

A son retour, il perdit la bourse pleine d'or que le monarque lui avait fait remettre, et qu'on retrouva sous un des coussins de la voiture qui l'avait amené (1).

Une de ses distractions à l'Académie ne lui fut point pardonnée par Furetière auquel il avait promis sa voix. Le jour de l'élection, il n'oublia pas sa promesse; mais il mit par mégarde dans l'urne une boule noire au lieu d'une boule blanche. C'est une méprise qui devient un grief pour un candidat évincé. Furetière fut dès lors l'ennemi déclaré de l'Académie et de La Fontaine qu'il attaqua grossièrement, et qui se défendit contre une épigramme par un sonnet.

Toujours plus occupé d'une idée que des personnes au milieu desquelles il se trouvait, il avait accepté une invitation à dîner chez un financier. Il ne desserra les dents que pour manger et voulut prendre congé en sortant de table. Comme on s'efforçait de le retenir : « Il y a, dit-il, séance à l'Académie. » On lui fit observer que l'heure de la séance était encore

(1) WALCKENAER, *Histoire de la vie et des ouvrages de La Fontaine*, p. 144.

éloignée. « Je prendrai le plus long », répondit-il.

Lorsqu'il s'éprenait d'un livre, d'un auteur, il en parlait sans cesse. Racine, l'ayant conduit pendant la semaine sainte à l'office, lui avait prêté une Bible. Il fut frappé de la prière des Juifs du prophète Baruch. « Quel était donc ce Baruch? dit-il à Racine en sortant de l'église. C'était un bien beau génie. » Pendant plusieurs jours il n'abordait personne sans lui dire : « Avez-vous lu Baruch? »

Cet écrivain charmant, ce poète dont les œuvres enchantent toutes les générations, n'avait à aucun degré l'esprit de conversation. Nous avons sur ce point le témoignage des contemporains et des meilleurs juges. Louis Racine dit qu'il ne répandait aucun charme dans les réunions dont il faisait partie : « Autant il était aimable par la douceur du caractère, autant il l'était peu par les agréments de la société. Il n'y mettait jamais rien du sien, et mes sœurs, qui, dans leur jeunesse, l'ont vu souvent à table chez mon père, n'ont conservé de lui d'autre idée que celle d'un homme fort malpropre et fort ennuyeux. Il ne parlait point ou voulait toujours parler de Platon, dont il avait fait une étude particulière dans la traduction latine (1). »

Le portrait qu'en fait l'abbé d'Olivet, l'historien de l'Académie, n'est pas plus flatteur : « A sa physionomie, on n'eût pas deviné ses talents. Un sourire niais, un air lourd, des yeux presque toujours éteints, nulle contenance. Rarement il commençait la conversation, et même pour l'ordinaire il y était si distrait qu'il ne savait ce que disaient les autres. Il rêvait à toute autre chose, sans qu'il pût dire à quoi il rêvait. Si pourtant il se trouvait entre amis et que le discours vînt à s'animer par quelque agréable dispute, surtout à table, alors il s'échauffait véritablement; ses yeux s'allumaient; c'était La Fontaine en personne, et non pas un

(1) *Mémoires sur la vie de Jean Racine*, p. 255. 1747, in-12.

fantôme revêtu de sa figure... On ne tirait rien de lui dans un tête-à-tête, à moins que le discours ne roulât sur quelque chose de sérieux et d'intéressant pour celui qui parlait... Une chose qu'on ne croirait pas de lui et qui pourtant est très vraie, c'est que, dans sa conversation, il ne laissait rien échapper de libre ni d'équivoque. Quantité de gens l'agaçaient dans l'espérance de lui entendre faire des contes semblables à ceux qu'il a aimés; mais il était sourd et muet sur ces matières; toujours plein de respect pour les femmes, donnait de grandes louanges à celles qui avaient raison et ne témoignait jamais de mépris à celles qui en manquaient (1). »

L'anecdote racontée par Vigneul-Marville confirme ce que nous ont dit Louis Racine et l'abbé d'Olivet. La Fontaine avait été invité à dîner avec quelques personnes avides de voir et d'entendre un homme si célèbre. Il ne souffla

(1) *Histoire de l'Académie*, p. 380.

mot pendant le repas auquel il fit honneur, et s'endormit en sortant de table : « On s'approcha de lui ; on voulut le mettre en humeur et l'obliger à laisser voir son esprit ; mais son esprit ne parut point. Il était allé je ne sais où, et peut-être alors animait-il une grenouille dans les marais, une cigale dans les prés ou un renard dans sa tanière, car tout le temps que La Fontaine demeura avec nous, il nous sembla n'être qu'une machine sans âme. On le jeta dans un carrosse, et nous lui dîmes adieu pour toujours. Jamais gens ne furent plus surpris, et nous nous disions les uns aux autres : Comment se peut-il faire qu'un homme qui a su rendre spirituelles les plus grosses bêtes du monde ait une conversation si sèche et ne puisse pas, pour un quart d'heure, faire venir son esprit sur ses lèvres et nous avertir qu'il est là (1)? »

C'est à La Fontaine qu'a songé La Bruyère, en écrivant ces lignes :

(1) *Mélanges d'histoire et de littérature*, recueillis par M. de Vigneul-Marville, t. II, p. 355. Rouen, 1700.

« Un homme paraît grossier, lourd, stupide; il ne sait pas parler, ni raconter ce qu'il vient de voir; s'il se met à écrire, c'est le modèle des bons contes; il fait parler les animaux, les arbres, les pierres, tout ce qui ne parle pas; ce n'est que légèreté, qu'élégance, que beau naturel et que délicatesse dans ses ouvrages (1). »

Il y avait donc en La Fontaine deux hommes très différents l'un de l'autre : celui qui n'avait pas d'esprit dans la conversation et celui qui en avait tant, la plume à la main. Ses distractions l'empêchaient d'être présent à ce qu'on lui disait, et au lieu d'être tout à la société, il était tout à la recherche de l'idée, à la composition de l'œuvre, à la poursuite de l'idéal. Il travaillait ainsi sans écrire et s'absorbait dans ce travail intérieur d'où naquirent les ouvrages qui lui conquirent une impérissable renommée.

Le contraste offert par le même homme était

(1) *Les Caractères : Des jugements.*

assez frappant, assez remarqué dans le monde, pour que Saint-Simon, mentionnant sa mort, croie devoir dire : « La Fontaine, si connu par ses fables et par ses contes, et toutefois si pesant en conversation... (1). »

Les défauts que nous ont signalés les contemporains ne semblent guère compatibles avec la société, et pourtant nous savons que La Fontaine y était recherché des grands personnages et des beaux esprits. La célébrité dont il jouissait, l'admiration qu'inspiraient ses ouvrages, expliquent les hommages rendus à sa personne. Il avait, en outre, une qualité assez rare chez un homme illustre : il ne faisait jamais sentir sa supériorité; il paraissait l'oublier avec cette insouciance qui caractérise sa nature indépendante et rêveuse. On lui savait gré de sa simplicité. On l'appelait « le bonhomme », et cette dénomination n'excluait ni l'esprit, ni la finesse dont semblent ordinairement dépourvus ceux

(1) *Mémoires*, t. I, p. 159. Édit. Chéruel, in-12.

qui la méritent. On s'amusait de ses distractions, de ses naïvetés, de ses absences dans la conversation. Loin de les lui reprocher, on les exagérait peut-être volontiers, et il devait en sourire lui-même quelquefois.

Lorsqu'un sujet était de nature à l'émouvoir et à l'intéresser, « ses yeux s'allumaient », nous a dit l'abbé d'Olivet. Le feu de ses regards révélait alors celui de son âme. C'est ainsi que nous aimons à nous le représenter dans un cercle choisi, et c'est l'idée que nous en donnent ses portraits (1). Le grand nez, la grande bouche composent une figure qui n'est ni belle, ni même agréable; mais les yeux sont expressifs et n'annoncent en rien le « niais » qu'aurait pu

(1) Le plus connu est celui qu'a peint Rigaud; il a été gravé par Edelinck. Il date de 1690, c'est-à-dire de la vieillesse du poète. L'original du portrait peint par de Troy, après 1681, est à la bibliothèque de Genève. Un émail conservé au Louvre reproduit les traits du célèbre fabuliste, gravés aussi par Pauquet, d'après Charles Lebrun. L'original du portrait de Lebrun, qui remonte à 1661, a été perdu. Les musées de Versailles, de Château-Thierry et de Reims possèdent des portraits de La Fontaine, dont les auteurs sont inconnus.

paraître le grand fabuliste dans la conversation. Ses épîtres en vers et en prose, ses dédicaces au Dauphin, au duc de Bourgogne, aux favorites, prouvent qu'il savait prendre le ton de la cour et parler le langage de la meilleure compagnie. Elles nous montrent un La Fontaine homme du monde et courtisan, quand il faut l'être, pour se concilier les puissances, pour attirer sur soi un rayon de l'astre qui brille à Versailles, et d'où s'échappent les bienfaits et les disgrâces.

Dans une lettre adressée par l'abbé Verger à La Fontaine, on trouve une définition, aussi juste que poétique, du caractère de l'homme, qui prenait la vie comme un rêve et n'avait d'autre guide que la fantaisie :

Les soins de sa famille ou ceux de sa fortune
Ne causent jamais son réveil :
Il laisse à son gré le soleil
Quitter l'empire de Neptune,
Et dort tant qu'il plaît au sommeil :
Il se lève au matin, sans savoir pourquoi faire ;
Il se promène, il va, sans dessein, sans sujet,

Et se couche le soir, sans savoir d'ordinaire
Ce que dans le jour il a fait (1).

Ce qu'il a fait, c'est peut-être une fable; il en a, du moins, pris l'idée et il la suit, en se promenant dans le parterre où croissent les fleurs de son esprit. Il faut l'y laisser et ne pas chercher à entraver le poète jaloux de sa liberté. C'est encore Verger qui nous le dit dans une lettre écrite à Mme d'Hervart, dont la sollicitude changeait à son insu les habits de La Fontaine, lorsqu'ils étaient trop usés : « Vous savez, Madame, qu'il s'ennuie partout, et même, ne vous en déplaise, auprès de vous, surtout quand vous vous avisez de régler ses mœurs ou sa dépense (2). »

Chose étrange ! ce grand enfant gâté du génie n'aimait pas les enfants dont il est aimé. Il en fait l'aveu. Il accuse l'enfance non pas seulement d'insensibilité, mais d'inhumanité :

(1) *OEuvres de La Fontaine,* p. 661. Édit. Walckenaer.
(2) P. Mesnard, *Notice sur La Fontaine. OEuvres,* édit. Régnier, CLXVI.

Mais un fripon d'enfant, cet âge est sans pitié... (1).

« L'enfance n'aime rien », dit-il ailleurs (2). Lorsqu'il va voir à Châtellerault un de ses cousins, il écrit à sa femme : « De vous dire quelle est la famille de ce parent et quel nombre d'enfants il a, c'est ce que je n'ai pas remarqué, *mon humeur n'étant nullement de m'arrêter à ce petit peuple* (3). »

La Fontaine a été mauvais père ; il n'a pas eu le sentiment paternel et a vécu dans une coupable indifférence vis-à-vis de son fils. Il avoue son éloignement pour les joies du foyer dans la moralité qui termine une de ses fables :

Toi donc, qui que tu sois, ô père de famille,
Et je ne t'ai jamais envié cet honneur... (4).

En fuyant le joug des devoirs salutaires, il n'a point échappé à d'autres chaînes ; mais elles

(1) *Les Deux Pigeons*, IX, 2.
(2) *Les Dieux voulant instruire un fils de Jupiter*, XI, 2.
(3) *OEuvres*, p. 627.
(4) *Le Fermier, le Chien et le Renard*, XI, 3.

lui ont paru légères. Il a prolongé l'âge des passions et n'est devenu sage qu'à regret, le plus tard possible. Il a la vocation de l'infidélité, et, comme il l'a dit lui-même, « il est volage en vers comme en amours ». Fidèle seulement à ses amis, à ses bienfaiteurs, il a bravé la disgrâce pour célébrer Fouquet malheureux (1); il en a toujours conservé un souvenir reconnaissant et attendri.

Il a senti profondément ce qu'il devait aux amitiés protectrices sous lesquelles s'est abritée sa vie. Mme de la Sablière, qui, lorsqu'il avait perdu sa charge de gentilhomme de la chambre chez la duchesse d'Orléans, l'avait recueilli dans sa maison, avait, par esprit de réforme, congédié tous ses serviteurs, ne gardant, disait-elle en plaisantant, que trois animaux : son chien, son chat et son La Fontaine. Elle fut constamment l'objet de son culte. « Elle s'était chargée de son bonheur; il se chargea de sa

(1) *Élégie aux nymphes de Vaux.*

gloire. » Son nom reste inséparable de celui du grand poète. Il n'a que ses vers pour lui payer sa dette; mais il s'acquitte envers elle avec la monnaie du génie; il lui donne une place au « temple de mémoire », comme elle lui avait donné un asile dans sa demeure. Il ne veut pas que personne avant elle ait connaissance de ses ouvrages. « Ne montrez ces vers à personne, écrit-il à Racine, car Mme de la Sablière ne les a pas vus. » Il la chante sur sa lyre; il proclame sa reconnaissance et confesse à sa bienfaitrice ses défauts, aimant mieux en convenir que de s'en corriger :

J'ai toujours abusé du plus cher de nos biens.
Les pensers amusants, les vagues entretiens,
Vains enfants du loisir, délices chimériques,
Les romans et le jeu, peste des républiques,
Par qui sont dévoyés les esprits les plus droits,
Ridicule fureur qui se moque des lois;
Cent autres passions, des sages condamnées,
Ont pris comme à l'envi la fleur de mes années.
L'usage des vrais biens réparerait ces maux;
Je le sais et je cours encore à des biens faux (1).

(1) *Discours à Mme de la Sablière* (1684).

La vieillesse arrivait; elle s'annonçait par des infirmités légères dont plaisantait le poète, toujours jeune d'esprit et de caractère.

« Nous attendrons le retour des feuilles et celui de ma santé, écrit-il le 18 décembre 1687 à Saint-Évremond; autrement il me faudrait chercher en litière les aventures. On m'appellerait le chevalier du rhumatisme, nom qui, ce me semble, ne convient guère à un chevalier errant. Autrefois que toutes les saisons m'étaient bonnes, je me serais embarqué sans raisonner :

Rien ne m'eût fait souffrir, et je crains toute chose;
En ce point seulement je ressemble à l'Amour.
Vous savez qu'à sa mère il se plaignit un jour
    Du pli d'une feuille de rose :
Ce pli l'avait blessé. Par quels cris forcenés
    Aurait-il exprimé sa plainte,
Si de mon rhumatisme il eût senti l'atteinte?
Il eût été puni de ceux qu'il a donnés (1). »

C'est avec cette spirituelle belle humeur que La Fontaine parle de ses rhumatismes, en rappe-

(1) *OEuvres*, p. 658.

lant le temps « où toutes les saisons lui étaient bonnes ». Autrefois, c'est l'évocation d'un passé à jamais évanoui qui revient errer parmi les fantômes du souvenir. La Fontaine vieillissant pouvait se redire avec mélancolie les vers de son âge mûr, les yeux tournés vers les choses disparues et la jeunesse envolée :

Volupté, volupté qui fus jadis maîtresse
Du plus bel esprit de la Grèce,
Ne me dédaigne pas, viens-t'en loger chez moi;
Tu n'y seras pas sans emploi;
J'aime le jeu, l'amour, les livres, la musique,
La ville et la campagne, enfin tout; il n'est rien
Qui ne me soit souverain bien,
Jusqu'au sombre plaisir d'un cœur mélancolique.
Viens donc; et de ce bien, ô douce volupté,
Veux-tu savoir au vrai la mesure certaine?
Il m'en faut, tout au moins, un siècle bien compté;
Car trente ans, ce n'est pas la peine (1).

On retrouve dans cette invocation l'épicurien qu'a été La Fontaine presque jusqu'à la fin.

(1) *Les Amours de Psyché*, liv. II.

L'épicurien cependant fit place au chrétien. La grâce remporta un de ses triomphes. « Jamais, dit l'abbé d'Olivet, La Fontaine n'avait été impie par principes ; mais il avait vécu dans une prodigieuse indolence sur la religion comme sur tout le reste (1). »

La maladie est une messagère d'en haut ; elle apporte avec elle de graves leçons. La Fontaine fut frappé par elle en 1692, et ses jours furent en danger. Il logeait alors rue Saint-Honoré, chez Mme de la Sablière, qui s'était retirée aux Incurables pour se livrer plus librement aux exercices d'une haute piété. Elle vint l'exhorter à s'occuper de son salut et eut pour auxiliaires deux illustres amis de La Fontaine, deux poètes comme lui, Racine et Boileau, animés tous deux d'une foi profonde. Le curé de Saint-Roch, instruit de sa maladie et de ses dispositions, lui envoya un de ses vicaires, l'abbé Pouget, docteur de Sorbonne et fils d'un

(1) *Histoire de l'Académie*, p. 329.

ami de La Fontaine, que cette double qualité semblait désigner pour une mission qu'il accepta non sans appréhension. Il trouva en son pénitent, dit-il dans la relation qu'il a écrite à ce sujet, « un homme qui sur mille choses pensait autrement que le reste des hommes, *aussi simple dans le mal que dans le bien* ».

La Fontaine parut étonné de l'immoralité de ses *Contes*. Il discuta longtemps sur l'éternité des peines qui lui semblaient impossibles à concilier avec la bonté de Dieu. La servante qui le veillait ne pouvait comprendre l'insistance du prêtre et les longs entretiens qu'il avait avec le malade. « Eh! ne le tourmentez pas tant, disait-elle; il est plus bête que méchant. Dieu n'aura point le courage de le damner. »

Il se confessa, dit l'abbé Pouget, « avec des sentiments de componction et de piété très édifiants ». Le 12 février 1693, il reçut le viatique, en présence d'une délégation de l'Académie française, venue sur sa demande, et à laquelle il témoigna le repentir qu'il éprouvait du scandale causé par ses *Contes*, s'engageant, s'il guérissait, à renoncer au profit que lui assurait une nouvelle et récente édition.

Ces sentiments, publiquement exprimés, persistèrent après la guérison de La Fontaine. Il renouvela la même déclaration dans les mêmes termes, aussitôt qu'il lui fut donné de prendre part à une séance de l'Académie (1). Il avait promis, s'il recouvrait la santé, d'employer son talent à la composition d'ouvrages de piété. Il tint parole. Sa paraphrase du *Dies iræ* et ses stances sur la *soumission qu'on doit à Dieu* font plus d'honneur à son repentir qu'à son inspiration poétique. Il avait commencé des hymnes dont il parle dans une lettre à Maucroix, et qu'on n'a pas retrouvées après lui. Peut-être la postérité y a perdu peu de chose. La muse de La Fontaine n'était pas faite pour la pénitence et ne pouvait rien gagner à sa conversion. Cette conversion a été sincère, digne du siècle où le

(1) P. Mesnard, *Notice sur La Fontaine. Œuvres,* édit. Régnier.

sentiment religieux est si profond, où un abbé de Rancé et une Mme de la Vallière rachètent par les mortifications et les austérités du cloître des fautes éclatantes.

Mme de la Sablière avait quitté ce monde, quand La Fontaine revint à la vie. Pendant vingt ans, il avait trouvé chez elle un asile, un foyer, un guide sûr, un abri contre les soucis et les difficultés de l'existence. Lorsqu'il eut perdu sa protectrice, il alla se confier à d'Hervart, conseiller au Parlement, qui, sachant son embarras, venait à sa rencontre et lui dit : « Je venais vous prier de demeurer chez moi. — J'y allais », répondit simplement La Fontaine.

De tels mots peignent éloquemment le caractère des sentiments qu'éprouvait le poète et qu'il savait inspirer.

Les d'Hervart menaient à la campagne, dans leur demeure de Bois-le-Vicomte, une vie agréable et opulente. A Paris, ils possédaient, rue Platrière, aujourd'hui rue Jean-Jacques Rousseau, un bel hôtel où ils attiraient des gens d'esprit. C'est là que La Fontaine, tout aux pratiques de la plus fervente dévotion, attendit la mort qu'il voyait venir.

« Voilà deux mois, écrivait-il le 10 février 1695 à Maucroix, que je ne sors point, si ce n'est pour aller un peu à l'Académie, afin que cela m'amuse. Hier, comme j'en revenais, il me prit, au milieu de la rue du Chantre, une si grande faiblesse que je crus véritablement que j'allais mourir. O mon cher, mourir n'est rien ; mais songes-tu que je vais paraître devant Dieu? Tu sais comme j'ai vécu ! Avant que tu reçoives ce billet, les portes de l'éternité seront peut-être ouvertes pour moi. »

Le 13 avril suivant, il expira entre les bras de Racine. Il avait soixante-treize ans. En apprenant cette mort, Maucroix, son fidèle ami depuis cinquante ans, écrivait : « Je remercie Dieu d'avoir conduit l'amitié extrême que je lui portais jusques à une aussi grande vieillesse, sans aucune interruption, ni aucun refroidissement, pouvant dire que je l'ai toujours tendrement aimé et autant le dernier jour que le premier. Dieu par sa miséricorde le veuille mettre en son saint repos! C'était l'âme la plus sincère et la plus candide que j'aie jamais connue : jamais de déguisement. Je ne sais s'il a menti en sa vie. »

« Vrai dans sa pénitence comme dans tout le reste de sa conduite, et n'ayant jamais songé à tromper en rien ni Dieu ni les hommes », dit de lui un de ses confrères à l'Académie (1).

On trouva sur lui après sa mort un cilice, et l'on apprit qu'il se livrait à des mortifications dont Boileau exprime son étonnement dans ces lignes adressées à Maucroix : « Les choses hors de vraisemblance qu'on m'a dites de M. de La Fontaine sont à peu près celles que vous avez devinées; je veux dire que ce sont ces haires, ces cilices et ces disciplines dont on m'a assuré qu'il affligeait fréquemment son corps et qui m'ont paru d'autant plus incroyables de notre

(1) D'Olivet, *Histoire de l'Académie*, p. 332.

défunt ami, que jamais rien à mon avis ne fut plus éloigné de son caractère que ces mortifications. Mais quoi ! la grâce de Dieu ne se borne pas à des changements ordinaires, et c'est quelquefois de véritables métamorphoses qu'elle fait (1). »

D'après tous les témoignages recueillis sur La Fontaine, on peut recomposer sa figure morale, peinte dans ses ouvrages. Il y a la candeur de l'enfance dans cet homme de génie, « aussi simple dans le mal que dans le bien », selon la définition du prêtre qui fut le confident de son âme, au moment de sa conversion. Rien de faux ni de dissimulé ne pouvait habiter une nature où dominait le goût de l'indépendance, l'horreur de la servilité. C'est bien le poète avec son charme et ses fantaisies. Son esprit ne semble pas avoir connu la vieillesse, et son œuvre est restée jeune ; elle n'a pas pris une ride. Son talent a profité des défauts de son caractère et des

(1) Lettre du 29 avril 1695. *OEuvres*, t. II, 202. Édit. Hachette, in-12.

erreurs de sa vie. Il a été la cigale; mais aussi imprévoyant, il fut plus heureux qu'elle, car l'amitié l'a entouré de ses sollicitudes, l'a préservé de la misère, et ses chants l'ont conduit à l'immortalité.

II

La vocation poétique de La Fontaine a commencé dès ses jeunes années. Elle ne lui a point été révélée, soudain, à vingt-six ans par une ode de Malherbe, comme on l'a prétendu faussement. Walckenaer contredit cette assertion, et cite, à l'appui de son opinion, les pièces de vers que La Fontaine livra de bonne heure à la publicité. « La Fontaine, dit-il, a aimé à faire des vers dès sa plus tendre jeunesse, et ce goût, il l'a conservé jusque dans la vieillesse la plus avancée. C'est en vers que, dans le printemps de sa vie, il adressait des épîtres et des déclarations d'amour à ses maîtresses; c'est en vers que, dans ses derniers jours, il demandait pardon à Dieu de sa vie passée. »

« Je mourrais d'ennui si je ne composais plus », écrivait-il à Maucroix, peu d'années avant sa mort. Poète de naissance, écrivain de génie, il garda jusqu'à la fin le culte de l'art divin auquel il s'était voué. « Papillon du Parnasse », ainsi qu'il s'est appelé lui-même, il ne cessa de voltiger parmi les fleurs de la poésie, et le temps ne put rien ôter à la légèreté de son vol, ni à l'éclat de ses ailes.

Tout écrivain a des origines littéraires, des ancêtres intellectuels. Les livres font l'éducation de l'esprit, développent le goût, font jaillir des sources cachées. L'expérience corrige plus tard les premiers enthousiasmes, et des impressions diverses se forme le caractère personnel qui se reflète dans le style et laisse son empreinte sur l'œuvre.

La Fontaine admira d'abord Voiture. C'était le dieu de l'époque, l'oracle de l'hôtel de Rambouillet. Il était protégé par l'adulation de ses contemporains contre la critique qui signala plus tard les fautes de la préciosité et du mauvais goût. La Fontaine aima beaucoup aussi Rabelais; il avait avec lui l'affinité de l'esprit gaulois et en eut parfois les audaces. Marot lui plut par l' « élégant badinage » qu'a loué Boileau, et il en a souvent reproduit le tour naïf et gracieux. Par sa langue familière et colorée, il appartient plus au seizième siècle qu'au siècle de Louis XIV. Il ne porte pas le grand habit de cour; il est en négligé, et c'est là son originalité, son principal attrait. Il a beaucoup fréquenté les anciens, Térence, Horace, Virgile, Quintilien, Platon, qu'il citait au point d'en fatiguer les filles de Racine. Il s'en est inspiré en se les appropriant, et a pu dire de lui-même avec autant d'esprit que de vérité :

Mon imitation n'est point un esclavage :
Je ne prends que l'idée, et les tours et les lois
Que nos maîtres suivaient eux-mêmes autrefois.
Si, d'ailleurs, quelque endroit, plein chez eux d'excellence,

Peut entrer dans mes vers sans nulle violence,
Je l'y transporte et veux qu'il n'ait rien d'affecté,
Tâchant de rendre mien cet air d'antiquité (1).

Imitateur, il n'est jamais plagiaire et reste original par le style, par le tour d'esprit et l'expression imagée. S'il se sert de Phèdre, d'Ésope, de Pilpay, il leur rend plus qu'il n'en a reçu. Il ne les pille pas; il les enrichit. Il va dans le jardin d'autrui; mais c'est pour y composer son miel.

« Son originalité, a dit très justement Sainte-Beuve, est toute dans la *manière* et non dans la *matière*. Comme Montaigne, comme Mme de Sévigné et mieux encore, La Fontaine a au plus haut degré l'invention du détail. Eux, ils ne l'ont que dans le style, et lui, il l'a dans le style à la fois et dans le jeu des petites scènes (2). »

Un éminent écrivain qui est en même temps un maître dans l'art de la lecture, M. Legouvé, a spirituellement défini *ce que La Fontaine doit*

(1) Épître à Huet. *OEuvres*, 553.
(2) *Causeries du lundi*, t. VII : *La Fontaine*.

aux autres (1), et son étude, sous sa forme ingénieuse, nous apprend surtout ce que les autres doivent à La Fontaine.

Parmi les auteurs auxquels La Fontaine a emprunté les sujets de ses fables, on rencontre les noms de Tite-Live, de Théocrite, d'Hérodote, de Plutarque, de Pline, de Pétrarque, de Philippe de Commines. Il avait beaucoup lu et étudié les écrivains de tous les temps.

Sa muse, selon ses propres expressions,

Traduisait en langue des dieux
Tout ce que disent sous les cieux
Tant d'êtres empruntant la voix de la nature.
Truchement de peuples divers,
Je les faisais servir d'acteurs en mon ouvrage :
Car tout parle dans l'univers ;
Il n'est rien qui n'ait son langage (2).

Son talent a consisté à entendre ce langage, à l'exprimer, à donner de l'esprit aux bêtes, en leur prêtant le sien, et à leur attribuer des rôles

(1) *Épis et bluets,* 137.
(2) *Fables.* Épilogue du livre XI.

dans ses fables, véritables comédies qui sont autant de leçons pour le genre humain.

La Fontaine a eu le sentiment de la nature à une époque où ce sentiment ne semble guère avoir existé chez nos écrivains. C'est le temps où Versailles apparaît aux regards éblouis comme l'Olympe avec ses dieux. La cour est la terre promise, et Le Nôtre, dans les parcs soumis à la ligne droite, donne des règles à la nature. L'amour du paysage, de la vie des champs, la contemplation des grands spectacles de l'univers ne font leur apparition que plus tard dans notre littérature. Jean-Jacques Rousseau marque l'avènement du genre où il a eu beaucoup d'imitateurs.

La Fontaine a été un précurseur. Il a aimé les prairies et les bois; il a senti la beauté du soleil couchant, le charme d'un ruisseau dont il a écouté le murmure. C'est à la campagne qu'il a été chercher ses modèles, étudier les habitudes et le caractère des animaux, converser avec eux, avant de les mettre en scène. Ni la ville, ni la cour ne lui eussent fourni les couleurs dont se teignait son pinceau. Il lui fallait l'espace, le silence, l'air pur, la liberté, vraies sources du sentiment poétique et des observations prises dans la vie réelle.

Les pastorales de Racan et de Segrais sentent le voisinage de Paris comme les moutons de Mme Deshoulières. La Bruyère a peint le paysan sous l'aspect le plus douloureux, et il en a fait un être repoussant, n'ayant presque rien d'humain, courbé par la misère vers le sol où il ne parvient pas à trouver sa subsistance (1). Il a dû l'apercevoir dans le pays le plus pauvre qui pût exister alors, et même en se reportant à la condition du paysan de l'ancien régime et aux années malheureuses du règne de Louis XIV, on a pu contester l'exactitude du portrait.

La Fontaine apporte peut-être dans sa peinture de l'homme des champs l'optimisme de

(1) « L'on voit certains animaux farouches, des mâles et des femelles : répandus par la campagne, noirs, livides et tout brûlés du soleil... » (*Les Caractères : De l'homme.*)

son caractère. Mais sa nature compatissante ne resterait pas insensible aux maux qui frapperaient ses regards, et ceux qu'il a vus lui paraissent inhérents à la condition humaine. Puisque la souffrance est le lot des mortels, les moins malheureux sont ceux qui se résignent, dont les corps sont endurcis comme les âmes, défiant la mauvaise fortune par la belle humeur, les gais et malins propos, produits de la santé morale et de l'esprit gaulois.

Ce n'est pas que le fabuliste ne s'attendrisse sur le sort du pauvre bûcheron « tout couvert de ramée »,

> Sous le faix du fagot aussi bien que des ans
> Gémissant et courbé (1).

Il juge le villageois sans dureté et sans illusion, et il faut le voir surtout dans les *Contes*, tour à tour joyeux et calculé, suppléant par la ruse à l'infériorité de l'éducation et aux difficultés de l'existence. Il met dans la bouche du paysan du Danube le réquisitoire le plus fort,

(1) *La Mort et le Bûcheron*, liv. I, 15.

le plus éloquent et le plus hardi de la faiblesse contre la puissance et l'oppression (1). Quand Jupiter cherche des fermiers, il est en butte aux marchandages de ceux qui se présentent :

L'un alléguait que l'héritage
Etait frayant et rude, et l'autre un autre si (2).

Ailleurs, c'est un fermier auquel le renard a dérobé des volailles et qui s'en prend à tout le monde au lieu de s'en prendre à lui :

Le maître ne trouva de recours qu'à crier
Contre ses gens, son chien ; c'est l'ordinaire usage (3).

Le villageois de la fable se lamente volontiers ; il n'a guère changé et semble n'avoir profité ni de la leçon de Jupiter au métayer, ni du discours tenu par le chien au fermier. Les paysans de La Fontaine sont des personnages réels ; ils ont les sentiments, les idées, le langage de leur condition. Perrette, qui va vendre

(1) *Le Paysan du Danube*, liv. XI, 7.
(2) *Jupiter et le Métayer*, liv. VI, 4.
(3) *Le Renard, le Chien et le Fermier*, liv. XI, 3.

son lait à la ville, n'est pas une bergère de Florian, poudrée et enrubannée; c'est une vraie fermière, « légère et court vêtue », ayant « cotillon simple et souliers plats (1) ».

La Fontaine a vu de près le paysan, il en a noté les attitudes et les expressions. Soyez certain qu'il a causé avec lui, sans que celui-ci se soit douté qu'il allait être pris sur le vif par l'immortel fabuliste.

On a souvent loué le naturel de La Fontaine. C'était chez lui un effet de l'art et le fruit d'un travail constant, obstiné. Il fabriquait ses vers « à force de temps », dit-il lui-même (2). Ses manuscrits portaient la trace de ses nombreuses ratures, attestant la recherche infructueuse. C'est par l'effort patient et laborieux qu'il arrivait à la perfection de ces œuvres d'un tour si

(1) *La Laitière et le Pot au lait,* liv. VII, 10.

(2) Ce qui m'étonne est qu'à huit ans
Un prince en fable ait mis la chose,
Pendant que sous mes cheveux blancs,
Je fabrique à force de temps
Des vers moins sensés que sa prose.

(*Le Loup et le Renard,* liv. XII, 9.)

aisé. Il mettait en pratique le conseil de Boileau « en faisant difficilement des vers faciles ».

Son style, d'un caractère tout personnel ou, pour mieux dire, unique, n'est jamais uniforme. Il sait varier à l'infini les couleurs de ses tableaux et prendre tous les tons, passant du genre badin et de la plaisanterie familière aux accents de la poésie la plus noble et la plus élevée.

L'éloge de la vie champêtre par lequel il termine une de ses fables, est un morceau achevé :

Solitude où je trouve une douceur secrète,
Lieux que j'aimai toujours, ne pourrai-je jamais,
Loin du monde et du bruit, goûter l'ombre et le frais?
Oh! qui m'arrêtera sous vos sombres asiles?
Quand pourront les neuf sœurs, loin des cours et des villes,
M'occuper tout entier et m'apprendre des cieux
Les divers mouvements inconnus à nos yeux,
Les noms et les vertus de ces clartés errantes
Par qui sont nos destins et nos mœurs différentes?
Que si je ne suis né pour de si grands projets,
Du moins que les ruisseaux m'offrent de doux objets!
Que je peigne en mes vers quelque rive fleurie!
La Parque à filets d'or n'ourdira point ma vie,

Je ne dormirai point sous de riches lambris :
Mais voit-on que le somme en perde de son prix?
En est-il moins profond et moins plein de délices?
Je lui voue au désert de nouveaux sacrifices.
Quand le moment viendra d'aller trouver les morts,
J'aurai vécu sans soins et mourrai sans remords (1).

La fable des *Deux Pigeons* restera comme un modèle d'exquise délicatesse et de sensibilité vraie. Celle du *Vieillard et des Trois Jeunes Hommes* est l'image la plus expressive et la plus touchante de la vieillesse se consolant de sa fin prochaine « en se donnant des soins pour le plaisir d'autrui », et préparant un ombrage à la génération nouvelle qui ne devait pas en jouir. Dans *la Mort et le Mourant*, la gravité du sujet élève La Fontaine à la plus haute éloquence. Ce n'est plus le fabuliste faisant parler et agir les bêtes dans des scènes divertissantes; c'est presque le prédicateur montrant le terme inévitable de la plus longue vie humaine.

Un génie comme celui de La Fontaine ne

(1) *Le Songe d'un habitant du Mogol,* liv. XI, 4.

pouvait que gagner dans la société d'amis tels que Racine, Boileau, Molière, et l'on se figure ce que pouvait être la réunion de pareils hommes, conversant de sujets littéraires, se consultant mutuellement sur leurs ouvrages, échangeant leurs idées et leurs doutes, et cherchant la perfection qu'ils ont su atteindre, chacun dans des genres différents. Boileau se montrait ce qu'il fut toujours, le législateur du Parnasse, l'ennemi déclaré de l'affectation et du mauvais goût. De ces repas qui se renouvelaient périodiquement, est sorti peut-être plus d'un chef-d'œuvre, enfanté dans les causeries intimes et mûri par le travail.

La Fontaine a consacré le souvenir de ces réunions et de ces amitiés au début du premier livre des *Amours de Psyché*, où il parle de « quatre amis dont la connaissance avait commencé par le Parnasse » . « Ils lièrent, dit-il, une espèce de société que j'appellerais Académie si leur nombre eût été plus grand, et qu'ils eussent autant regardé les muses que le plaisir. La première chose qu'ils firent, ce fut de bannir d'entre eux les conversations réglées et tout ce qui sent sa conférence académique. Quand ils se trouvaient ensemble et qu'ils avaient bien parlé de leurs divertissements, si le hasard les faisait tomber sur quelque point de sciences ou de belles-lettres, ils profitaient de l'occasion : c'était toutefois sans s'arrêter trop longtemps à une même matière, voltigeant de propos en autres, comme les abeilles qui rencontreraient en leur chemin diverses sortes de fleurs. L'envie, ni la malignité, ni la cabale, n'avaient de voix parmi eux. Ils adoraient les ouvrages des anciens, ne refusaient point à ceux des modernes les louanges qui leur sont dues, parlaient des leurs avec modestie, et se donnaient des avis sincères... »

La Fontaine avait quarante-sept ans, lorsque parut, en 1668, le recueil qui contenait les six premiers livres de ses fables. Elles eurent, dès leur publication, un grand succès, et la seconde partie, comprenant cinq nouveaux livres, vit le jour en 1678 et 1679. Le XIIe et dernier livre fut publié en 1694, un an avant la mort du poète.

C'était un véritable événement littéraire que l'apparition de ces fables qui circulaient manuscrites et dont on s'entretenait, lorsqu'elles n'étaient pas encore livrées à l'impression. Mme de Sévigné, écrivant le 9 mars 1672 à Mme de Grignan, lui annonce l'envoi de la fable intitulée *le Curé et le Mort,* qui fait partie du VIIe livre, publié en 1678. Elle tenait peut-être la copie de La Fontaine lui-même, à qui elle en avait donné le sujet. Dans la même lettre à sa fille, elle lui dit : « Je ne sais ce que c'est que ce *Pot au lait.* » Il s'agit de *la Laitière et le Pot au lait,* appartenant également au VIIe livre, et ces mots de Mme de Sévigné prouvent que cette fable, récemment composée alors, faisait le sujet des entretiens du monde aristocratique et lettré.

On voit par de nombreuses allusions contenues dans les lettres de l'illustre marquise, combien lui sont familières les fables de La Fontaine, qui étaient un régal pour son esprit enjoué, si digne de comprendre et de goûter celui du grand fabuliste. Elle les signale à sa fille dès leur apparition et apprend par cœur avec La Rochefoucauld celle du *Singe et du Chat* (1).

« Faites-vous envoyer promptement les fables de La Fontaine, écrit-elle le 26 juillet 1679 à Bussy-Rabutin ; elles sont divines. On croit d'abord en distinguer quelques-unes ; et à force de les relire, on les trouve toutes bonnes. C'est une manière de narrer et un style auquel on ne s'accoutume point. »

La querelle de Furetière et de La Fontaine lui fournit une nouvelle occasion de témoigner son admiration pour l'inimitable auteur des fables, qu'elle rapproche, il est vrai, des ballets de Benserade (2), auxquels personne ne ferait plus aujourd'hui l'honneur d'un semblable parallèle, malgré la faveur dont ils jouissaient à la cour de Louis XIV.

(1) Lettre du 27 avril 1671.

(2) Lettre à Bussy-Rabutin, 14 mai 1686.

La gloire vient parfois tardivement répondre à une admiration posthume. Elle n'a point manqué à la vie de La Fontaine, et elle semble n'avoir rien à craindre du temps. Le grand siècle auquel il appartient ne méconnaissait aucun génie, aucun talent. Il a rendu justice à La Fontaine, qui en a obtenu les honneurs qu'il méritait, sans en paraître surpris, ni orgueilleux. Le jugement de ses contemporains a devancé celui de la postérité.

«Il élève les petits sujets jusqu'au sublime, a dit de lui La Bruyère ; homme unique dans son genre d'écrire, toujours original, soit qu'il invente, soit qu'il traduise, qui a été au delà de ses modèles ; modèle lui-même difficile à imiter (1).»

Fénelon avait une vive sympathie pour La Fontaine. C'est, sans doute, sous son inspiration que le duc de Bourgogne lui avait fait un don sur sa cassette particulière, en doublant le prix de cet envoi par les formes gracieuses dont

(1) Discours de réception à l'Académie (1693).

il l'accompagna. A la mort du célèbre fabuliste, l'archevêque de Cambrai composa en latin son éloge, qu'il fit traduire par son royal élève. On y lit ces mots : « Nous ne plaçons pas La Fontaine, comme le voudrait l'ordre des temps, parmi les modernes, mais pour les agréments de son esprit au rang des anciens... C'est Anacréon qui se joue. C'est Horace, soit libre de soucis, soit ayant une flamme au cœur, qui chante sur cette lyre. C'est Térence, lorsqu'il fait, dans ses comédies, la peinture vivante des mœurs et du caractère des hommes. La douceur et l'élégance de Virgile respirent dans ce petit ouvrage (1). Oh ! quand les favoris de Mercure égaleront-ils jamais l'éloquence de ses personnages à quatre pattes ? »

Voltaire lui consacre ces lignes dans son *Siècle de Louis XIV* : « Admirable dans son genre, quoique négligé et inégal... Dans la plupart de ses fables, il est infiniment au-dessus

(1) Les Fables.

de ceux qui ont écrit avant et après lui, en quelque langue que ce puisse être... Distinguons bien ces négligences, ces puérilités qui sont en très grand nombre, des traits admirables de ce charmant auteur, qui sont en plus grand nombre encore. Quel est donc le pouvoir des vers naturels, puisque, par ce seul charme, La Fontaine, avec de grandes négligences, a une réputation si universelle et si méritée, sans avoir rien inventé ! »

Les négligences que Voltaire reproche à La Fontaine sont, sans doute, ces expressions familières, ces tours empruntés au vieux langage qu'il affectionnait et qui ne répondaient pas à la correction du dix-huitième siècle dont Voltaire a dû subir, malgré lui, l'influence, dans le jugement qu'il exprime. Du reste, il faut distinguer, sous le rapport du style, l'auteur des fables de celui des contes. Sa supériorité comme écrivain est surtout dans les fables, où il atteint à la fois la perfection du genre et celle de la langue.

Rien de livré au hasard chez un poète qui travaillait beaucoup ses vers et se préoccupait de la forme. Ses prétendues négligences étaient voulues. Elles font partie de son charme, et c'est en leur donnant cette interprétation que l'abbé de la Chambre, recevant La Fontaine, au nom de l'Académie, saluait en lui « un génie aisé, facile, plein de délicatesse et de naïveté, quelque chose d'original et qui, dans *sa simplicité apparente et sous un air négligé,* renferme de grands trésors et de grandes beautés ».

Ce qu'on appelle naïveté chez La Fontaine est de l'esprit ; sa simplicité n'était pas l'effet de sa négligence, mais celui de son art.

Voltaire observe que La Fontaine « fut le seul des grands hommes de son temps qui n'eut point de part aux bienfaits de Louis XIV. Il y avait droit, ajoute-t-il, par son mérite et sa pauvreté (1). »

La raison qu'il en donne, c'est que le grand

(1) *Siècle de Louis XIV.*

Roi « ne goûtait pas assez le genre dans lequel ce charmant conteur excella. Il traitait les fables de La Fontaine comme les tableaux de Teniers, dont il ne voulait voir aucun dans ses appartements. Il n'aimait le petit dans aucun genre, quoiqu'il eût dans l'esprit autant de délicatesse que de grandeur (1). »

Le genre était en effet assez peu élevé par lui-même, pour que Boileau n'ait pas cru devoir le mentionner dans son *Art poétique*. C'est La Fontaine qui lui a donné le rang qu'il n'avait pas avant lui. L'explication de Voltaire peut être juste, et l'on sait que Louis XIV, si peu sévère dans sa vie privée, tenait à la dignité des formes et de l'extérieur ; elle faisait partie de la majesté de son règne. Il ne pouvait goûter l'esprit gaulois dont La Fontaine est le représentant et l'héritier. S'il applaudissait Molière, il lui préférait certainement Racine et Boileau,

(1) *OEuvres*, édit. Beuchot, t. XLVIII, p. 274. Lettre de M. de la Visclède à M. le secrétaire perpétuel de l'Académie.

plus en harmonie avec les pompes dont il aimait à s'entourer.

Le peu de faveur accordé par Louis XIV à La Fontaine s'explique par bien des motifs, et celui qu'allègue Voltaire n'est pas sans valeur ; mais il est insuffisant. Il y en a d'autres. Le souvenir de Fouquet, auquel La Fontaine fut courageusement fidèle, ne pouvait le recommander au prince qui poussa le ressentiment contre le surintendant jusqu'à la passion, en aggravant de sa propre autorité l'arrêt de la justice. Il est peut-être permis de voir une allusion à ce fait dans les vers que La Fontaine prête au perroquet d'une de ses fables, et qui ressemblent à un reproche :

> Je sais que la vengeance
> Est un morceau de roi, car vous vivez en dieux (1).

En admettant que Louis XIV n'eût pas été influencé par l'attachement que proclama éloquemment l'*Élégie aux nymphes de Vaux*, le

(1) *Les Deux Perroquets, le Roi et son Fils*, liv. X, 11.

caractère indépendant de La Fontaine, si peu discipliné, si peu courtisan, n'était pas fait pour lui concilier la bienveillance royale, malgré le tribut de louanges payé à Mme de Montespan et au duc du Maine. La censure des grands, la critique du pouvoir absolu qui s'échappent de l'œuvre du fabuliste, ne plaidaient guère sa cause à la cour. Le scandale de ses *Contes* était, en outre, un grief aux yeux du Roi, surtout lorsque, devenu dévot, il voulut que tout le monde le fût comme lui. Si la conversion de La Fontaine a été sincère, elle fut tardive. Il n'était guère plus édifiant par sa vie qu'il ne l'avait été par ses contes. Les exemples donnés par Louis XIV ne valaient pas mieux, et le scandale était plus grand, puisqu'il venait de plus haut. On n'avait pas le droit de se montrer bien sévère vis-à-vis de La Fontaine à la cour où régnait Mme de Montespan, et il y garda quelques appuis à l'époque où le Roi n'avait pas encore réformé ses mœurs. Il n'en fut plus de même quand les favorites eurent fait place à l'austère Mme de

Maintenon, si opposée de goûts, d'esprit et de caractère à La Fontaine, qu'elle dut contribuer à éloigner encore du Roi, converti à la piété et au scrupule.

Il y avait donc bien des raisons pour que La Fontaine n'ait pas été goûté de Louis XIV, qui se fût honoré en répandant ses bienfaits sur un des poètes qui ont le plus contribué à la gloire littéraire de son règne.

Si La Fontaine n'a pas obtenu les bonnes grâces du grand Roi, il a été protégé par le duc de Bourgogne, par l'élève de Fénelon, qui, entre le vieux poète et le prince encore enfant, avait établi une sorte de gracieuse émulation. Le duc de Bourgogne, sous l'œil de l'archevêque de Cambrai, traduisait dans la langue latine des fables de La Fontaine. Il fournissait parfois des sujets au fabuliste, comme le prouvent *le Chat et la Souris*, spirituel badinage qui lui est dédié. La fable des *Deux Chèvres* a aussi pour origine ces relations entre l'héritier du trône et l'auteur de tant de chefs-d'œuvre. Elle a été mise, pour ainsi dire, au concours par Fénelon, et l'on a conservé la composition latine du duc de Bourgogne avec les corrections du précepteur.

On aime à rapprocher dans un même tableau ces trois figures qui rappellent deux gloires de la France, en les unissant au souvenir du jeune prince dont la mort prématurée trompa tant d'espérances.

Le dix-huitième siècle, si novateur et si peu respectueux du passé, ne songea pas à toucher à la renommée de La Fontaine. Elle était alors déjà inébranlable. Voltaire ne fait que la proclamer par les louanges auxquelles se mêlent des critiques ou plutôt des réserves.

Chamfort traduisit le sentiment de ses contemporains, en composant un éloge de La Fontaine, dont il dit : « Il a su donner à son dialogue cette précision, ce naturel, une des qualités les plus rares du style, même dans les meilleurs écrivains, et peut-être la seule qui ne s'acquiert pas par l'étude. Il faut lire ses vers pour connaître les ressources de notre langue et la variété des formes dont elle est susceptible, lorsqu'elle est maniée par un homme de génie... Il y a peu de ses bonnes fables (et elles sont en grand nombre) où l'on ne trouve quelques-uns de ces mots de sentiment, quelques-unes de ces idées générales qui semblaient jetées au hasard, et dont la délicatesse ou la profondeur porte l'esprit à la méditation ou dispose l'âme à une mélancolie qui n'est pas sans un grand plaisir. »

De nos jours, Nisard, dans les pages si judicieuses qu'il a écrites sur La Fontaine, lui reconnaît plus de goût que Molière, Racine et Boileau (1), et il le nomme avec raison le plus français de nos poètes :

« Il l'est, dit-il, par cet esprit sensé qui pro-

(1) « Comparé sinon à Molière, chez qui les fautes contre le goût sont si excusables, et dont la fécondité et la force déjouaient cette surveillance délicate de l'esprit sur ces productions, mais à Racine et à Boileau qui en avaient fait une sorte de science, La Fontaine a le goût aussi sain, et il l'a plus libéral. Il est sévère, sans être timide, ni superbe. Il songe plus à jouir de ce qu'il aime qu'à se fâcher contre ce qu'il n'aime pas. Il n'a pas l'emportement de Boileau contre les méchants vers. Les fautes lui paraissent le prix dont il est

portionne ses émotions à leur cause, droit, sincère, aimant la liberté pour soi et pour autrui; s'arrêtant en beaucoup de choses au doute, à cause de la douceur de cet état; plus vif que passionné; hors de toute grimace comme de tout sentiment excessif; sensible sans transports; tenant le milieu en tout, dans la spéculation et dans la conduite; un second Montaigne, mais plus doux, plus aimable, plus naïf que le premier...

« Par sa langue, La Fontaine est le plus français de nos poètes. Tous les âges de notre langue poétique, ou plutôt un choix des beautés de chaque âge forme la sienne. Avait-il lu tous nos vieux poètes, et y prenait-il son bien, comme faisait Molière dans ses devanciers? Il n'en dit rien, lui qui aimait tant à parler de ses lectures. Mais on pourrait extraire de ses ouvrages, du milieu de la langue nouvelle où il les

bien juste de payer les beautés si diverses et si charmantes des lettres. » (*Histoire de la littérature française*, 5e édit., liv. III, 158.)

reçoit, des échantillons des meilleurs tours de la vieille langue : le neuf et le vieux, tout y paraît du même temps. La Fontaine est doublement créateur ; il sent dans la vieille langue tout ce qui vit encore, et il le remet au jour ; et pour la langue nouvelle, aucun poète n'y est plus hardi (1). »

Dans un livre aussi solide qu'agréable, M. Taine a jugé excellemment la vie et l'œuvre, l'homme et l'écrivain. Il a senti son charme et défini les origines de son esprit en même temps que le caractère de son talent :

« C'est La Fontaine qui est notre Homère. Car d'abord il est universel comme Homère : hommes, dieux, animaux, paysages, la nature éternelle et la société du temps, tout est en petit dans son livre. Les paysans s'y trouvent, et à côté d'eux les rois, les villageois auprès des grandes dames, chacun dans sa condition avec ses sentiments et son langage, sans qu'aucun

(1) *Histoire de la littérature française*, 5e édit., liv. III, 148.

des détails de la vie humaine, trivial ou sublime, en soit écarté pour réduire le récit à quelque ton uniforme et soutenu. Et néanmoins ce récit est idéal comme celui d'Homère (1). »

Toutes les supériorités, tous les talents se sont inclinés devant notre grand fabuliste. Il a eu cependant un détracteur dans un des poètes les plus harmonieux de notre siècle. Lamartine, dans des lignes qu'on regrette de trouver sous sa plume, a porté sur lui un jugement dont l'injustice égale l'âpreté, et où, parlant de son enfance, il a dit :

« On me faisait bien apprendre aussi par cœur quelques fables de La Fontaine ; mais ces vers boiteux, disloqués, inégaux, sans symétrie ni dans l'oreille ni sur la page, me rebutaient. D'ailleurs, ces histoires d'animaux qui parlent, qui se font des leçons, qui se moquent les uns des autres, qui sont égoïstes, railleurs, avares, sans pitié, sans amitié, plus méchants

(1) *La Fontaine et ses fables*, 11ᵉ édit., p. 46.

que nous, me soulevaient le cœur. Les fables de La Fontaine sont plutôt la philosophie dure, froide et égoïste d'un vieillard que la philosophie aimante, généreuse, naïve et bonne d'un enfant : c'est du fiel (1). »

On serait tenté de croire que Lamartine n'avait pas lu les chefs-d'œuvre de grâce, d'esprit et de raison qu'il dénigre avec une aigreur si contraire à son caractère, ou que, n'en ayant gardé qu'un souvenir lointain, il ne les avait pas relus à l'âge où l'on est capable de les comprendre et de les admirer. Sainte-Beuve ne veut voir dans ces imprécations que « l'antipathie des deux natures et le conflit des deux poésies ». Il y cherche « moins encore une erreur de son jugement qu'une conséquence de sa manière d'être et de sentir ».

Qu'y avait-il de commun, en effet, entre le genre sentimental de Lamartine et le genre familier de La Fontaine, héritier du vieil es-

(1) Première préface des *Méditations*.

prit gaulois? Il n'y a pas seulement opposition entre les deux genres, il y a incompatibilité d'humeur entre les deux poètes.

« Lamartine, ajoute l'auteur des *Causeries du lundi*, vise habituellement à l'ange, et La Fontaine, s'il semble élever les bêtes jusqu'à l'homme, n'oublie jamais non plus que l'homme n'est que le premier des animaux. » Et l'éminent critique conclut de l'étude qu'il consacre à celui qui reste une des gloires de l'esprit français :

« La Fontaine comme Molière n'a rien qu'à gagner du temps : le bon sens si profondément mêlé à son talent unique et naïf lui assure de plus en plus l'avenir (1). »

Que les admirateurs du grand fabuliste pardonnent à ses rares ennemis des attaques dont sa gloire n'est pas même effleurée. Du sommet du Parnasse qu'il gravit avec le vol du génie, il sourit à ceux qu'il faut plaindre de

(1) *Causeries du lundi*, t. VII. *La Fontaine.*

n'avoir pas cédé à l'attrait d'un esprit sans rival, ni goûté ces œuvres à la fois légères et profondes qui semblent défier le temps.

Tel est l'empire exercé par La Fontaine, que son nom seul en a imposé à la Terreur et a protégé son arrière-petite-fille (1) contre les bourreaux devant lesquels personne ne trouvait grâce, et qui firent tomber les têtes de Lavoisier et d'André Chénier.

Aucun de nos grands écrivains n'est aussi populaire, et cette popularité s'explique par les dons que nul n'a jamais réunis au même degré. Son génie est l'expression la plus vivante et la plus complète de notre génie national. Il a la gaieté française, la vivacité d'impressions, la légèreté d'allures si conformes à notre tempé-

(1) La comtesse de Marson, femme d'un garde du corps, dont le fils fut pensionné par Louis XVIII. Elle avait été protégée par Mesdames, filles de Louis XV, ainsi que sa sœur, mariée à M. Despotz, magistrat, et morte en 1820 sans postérité. Toutes deux avaient un frère, Hugues-Charles de la Fontaine, né en 1757 à Pamiers, mort sans alliance, en 1824, à Château-Thierry, dans la pauvreté. En lui s'est éteinte la descendance masculine du poète.

rament, à notre penchant pour le plaisir et la raillerie.

Parmi nos renommées littéraires, il en est de plus imposantes; il n'en est pas de plus aimables et de plus universellement acceptées. La Fontaine est le poète de la foule, il n'est un étranger pour aucune des classes qui composent la société. Beaucoup de ses vers sont devenus proverbes. « Celui qui n'a que deux ouvrages dans sa maison a les fables de La Fontaine (1). » On peut les citer devant l'ignorant et l'illettré, sans qu'elles leur soient inconnues. Ils ont retenu plus d'un trait de ce livre qui a passé, pour ainsi dire, dans tous les esprits. L'enfant du peuple sait le nom de La Fontaine et apprend quelques-unes de ses fables.

Aucun de nos poètes n'a eu tant de lecteurs; c'est celui dont les œuvres ont atteint le plus grand nombre d'éditions. On ne s'est pas

(1) NISARD, *Histoire de la littérature française*, t. III, p. 132.

contenté de réimprimer sans cesse les fables, on les a illustrées; elles ont inspiré le crayon des artistes. L'image s'est faite la compagne du livre; elle vient doubler les jouissances de notre esprit par le plaisir de nos yeux.

Celui qui fit parler les bêtes, et s'en servit pour donner tant de leçons de morale et de philosophie, porte un sceptre qui n'humilie personne et que nul ne songe à lui disputer. Il se laisse d'autant mieux approcher des esprits simples qu'il a aimé les humbles et les petites gens. Il a fui la cour, n'a pas ménagé les courtisans et s'est montré moins ébloui de l'éclat du rang que frappé des travers et des défauts des grands.

La Fontaine jouit du rare privilège de plaire aux esprits les plus différents, aux caractères les plus opposés, d'inspirer de l'attrait à tous les âges, de régner sur tous les temps et dans tous les pays. Les générations, en se succédant, ne font qu'ajouter à sa gloire et consacrer son génie.

La critique ne se laisse presque jamais réduire au silence, et elle a désarmé devant le fabuliste incomparable, devant le poète sans amertume et sans orgueil qui ne connut pas l'inimitié de son vivant, et dont le triomphe échappe à l'envie. La postérité a ratifié le mot de Molière, si juste et si vrai dans sa familiarité : « Nos beaux esprits ont beau se trémousser, ils n'effaceront pas le bonhomme. »

CHAPITRE III

LA MORALE DES FABLES DE LA FONTAINE. SES TRAITS DOMINANTS ET SES PRINCIPAUX CARACTÈRES.

I

Il ne faut pas se demander s'il y a une morale dans les fables de La Fontaine ; toute fable comporte une moralité, une leçon. Mais il est intéressant de rechercher quelle est cette morale. Est-elle juste ? Est-elle saine ? Si elle ne l'était pas, comment comprendre que les fables de La Fontaine soient un des premiers livres mis sous les yeux de l'enfance ? C'est la meilleure réponse aux critiques que, sur ce point, l'on serait tenté de leur adresser. Elles furent jugées irréprochables sous ce rapport, dès leur publication. Le privilège accordé par Louis XIV à l'impression du VIIe livre et des livres suivants renferme l'éloge des fables précédentes et reconnaît « que la jeunesse en avait reçu beaucoup de fruit en son instruction ». Offertes au duc de Bourgogne, alors enfant, dont Fénelon formait l'esprit et le cœur, elles étaient considérées comme un des ouvrages les mieux appropriés au caractère de l'enfance, en même temps que comme des chefs-d'œuvre goûtés et admirés par tous les âges.

Rollin, le célèbre éducateur, n'hésitait pas à les mettre entre les mains du fils de Racine (1) et à les recommander à la jeunesse. De tels suffrages les défendent suffisamment contre l'opinion de Rousseau, qui interdit d'une manière générale les fables aux enfants, et en particulier celles de La Fontaine.

« Les fables, dit-il, peuvent instruire les hommes ; mais il faut dire la vérité aux enfants ; sitôt qu'on la couvre d'un voile, ils ne se don-

(1) Voir la lettre de Racine à son fils. *OEuvres*, t. VII, p. 366.

nent plus la peine de le lever. On fait apprendre les fables de La Fontaine à tous les enfants, et il n'y en a pas un seul qui les entende. Quand ils les entendraient, ce serait encore pis, car la morale en est tellement mêlée et si disproportionnée à leur âge qu'elle les porterait plus au vice qu'à la vertu (1). »

Il suffirait peut-être de répondre que Jean-Jacques était un mauvais juge en matière de morale. Dans l'ouvrage où il condamne les fables de La Fontaine, il émet cette étrange assertion : « Sitôt que l'éducation est un art, il est presque impossible qu'elle réussisse. Pour former cet homme rare, qu'avons-nous à faire? Beaucoup sans doute. C'est d'empêcher que rien ne soit fait (2). »

Selon cette théorie, les enfants bien élevés seraient ceux qui n'ont pas été élevés du tout, théorie conforme au système de celui qui nous dit encore : « Tout est bien sortant des mains

(1) L'*Émile,* liv. II.
(2) *Ibid.*, liv. I.

de l'auteur des choses; tout dégénère entre les mains de l'homme. »

L'expérience contredit cette audacieuse affirmation. Loin de reconnaître que l'homme est né bon et qu'il est déformé, corrompu seulement par la société, nous voyons qu'il vient au monde avec de mauvais instincts, avec des défauts, des travers contre lesquels il faut réagir par l'éducation.

Mais sans nous attarder à la réfutation des paradoxes de Jean-Jacques Rousseau, nous nous occuperons seulement ici de la condamnation qu'il prononce contre les fables en général et de ce qu'il pense de la morale des fables de La Fontaine.

L'enfant ne saurait être dupe de la fiction qui sert non à lui enseigner le mensonge, mais à faire pénétrer dans son esprit des vérités morales. Il sait bien que les récits qu'on lui présente reposent sur des faits et des personnages imaginaires; il ne songe qu'à s'en divertir.

Quant à la morale des fables de La Fontaine, qui paraissait suffisamment bonne à Fénelon et à Rollin, deux juges dont on ne contestera pas l'autorité, ce n'est pas ce qui préoccupe le plus l'enfant, amusé par les scènes et par les dialogues où interviennent des animaux. Il ne saisit pas toujours exactement le sens des leçons renfermées dans les fables, et le peu de maturité de son esprit lui permet encore moins d'en goûter les beautés littéraires. Le seul avantage qu'il en retire, et il est assez grand pour n'être pas dédaigné, c'est une première connaissance faite avec des chefs-d'œuvre auxquels, parvenu à l'âge d'homme, il revient avec autant de plaisir et plus de profit.

Instruits par l'expérience de la vie, formés par la culture intellectuelle, nous comprenons alors la portée des enseignements du fabuliste, et nous jouissons du charme qui les enveloppe. La Fontaine a voulu nous plaire, et il y a réussi; il a voulu aussi nous donner, sous une forme agréable et piquante, des leçons de morale et de philosophie. Quelle idée s'est-il faite de la fable? Il va nous le dire :

Les fables ne sont pas ce qu'elles semblent être;
Le plus simple animal nous y tient lieu de maître.
Une morale nue apporte de l'ennui.
Le conte fait passer le précepte avec lui.
En ces sortes de feinte il faut instruire et plaire,
Et conter pour conter ne semble peu d'affaire (1).

La Fontaine a pris soin de nous exposer sa doctrine, de nous faire connaître son but. Il nous prêche une morale, et cette morale, il la résume ainsi :

Comme la force est un point
Dont je ne me pique point,
Je tâche d'y tourner le vice en ridicule,
Ne pouvant l'attaquer avec les bras d'Hercule.
C'est là tout mon talent; je ne sais s'il suffit.
Tantôt je peins en un récit
La sotte vanité jointe avecque l'envie,
Deux pivots sur qui roule aujourd'hui notre vie.
Tel est ce chétif animal
Qui voulut en grosseur au bœuf se rendre égal (2).

(1) *Le Pâtre et le Lion*, liv. VI, 1.

(2) *La Grenouille qui veut se faire aussi grosse que le Bœuf*, liv. I, 3.

J'oppose quelquefois par une double image
Le vice à la vertu, la sottise au bon sens,
Les agneaux aux loups ravissants,
La mouche à la fourmi, faisant de cet ouvrage
Une ample comédie à cent actes divers
Et dont la scène est l'univers.
Hommes, dieux, animaux, tout y fait quelque rôle (1).

Et ailleurs, il définit encore l'objet de ces œuvres légères en apparence, sérieuses par l'intention et par l'étude du cœur humain :

Tout parle en mon ouvrage, et même les poissons.
Ce qu'ils disent s'adresse à tous tant que nous sommes.
Je me sers d'animaux pour instruire les hommes (2).

Les animaux, transformés en créatures raisonnables, nous en remontrent au point de vue de la raison. Ils n'obéissent plus à notre empire; ils nous enseignent. Selon l'expression du fabuliste, ce sont « les précepteurs des hommes (3)».

Le loup en langue des dieux
Parle au chien dans mes ouvrages :

(1) *Le Bûcheron et Mercure,* liv. V, 1.
(2) Liv. I. Dédicace au Dauphin.
(3) Liv. XII, préface au duc de Bourgogne.

Les bêtes à qui mieux mieux
Y font divers personnages,
Les uns fous, les autres sages;
De telle sorte pourtant
Que les fous vont l'emportant .
La mesure en est plus pleine.
Je mets aussi sur la scène
Des trompeurs, des scélérats,
Des tyrans et des ingrats,
Mainte impudente pécore,
Force sots, force flatteurs... (1).

Personne peut-être mieux que La Fontaine ne pouvait nous parler des fables de La Fontaine. Il ne prétend pas nous donner un Code de morale, mais nous faire connaître le monde et l'humanité. Ce n'est pas un docteur qui formule des règles précises et invariables ; c'est un conteur aimable qui fait passer sous nos yeux les spectacles de la vie. Nous assistons dans ses fables à l'éternelle comédie, à la comédie humaine.

La satire blesse plus qu'elle ne corrige; elle

(1) *Le Dépositaire infidèle*, liv. IX, 1.

excite moins la bonne humeur que la malignité. La comédie, au contraire, désarme par le rire et la gaieté. Elle était dans la nature de La Fontaine, dans son esprit et son caractère, disposés à s'amuser de tout, à voir les choses par leur côté plaisant. Mais le sérieux se mêle chez lui à l'enjouement, et le divertissement n'est qu'une leçon déguisée, leçon d'autant plus sûre et d'autant meilleure qu'elle n'en a ni les allures, ni le caractère. La Fontaine nous a dit lui-même qu'il a l'intention de nous moraliser, et il a tenu parole.

Analysant les Fables, à ce point de vue, M. Georges Lafenestre s'exprime ainsi dans le livre récent qu'il vient de consacrer à La Fontaine, et où il décrit avec autant de justesse que d'agrément la figure de l'homme et celle de l'écrivain :

« Le poète a pleine conscience du double rôle qu'il assume et qu'il veut remplir ; c'est un observateur sincère et un moraliste réfléchi... Comme son ami Montaigne, auquel il ressemble tant, il pense probablement que les idées nouvelles et hardies font d'autant mieux leur chemin qu'elles n'opposent pas une masse compacte aux préjugés hostiles, mais qu'elles agissent plus isolément, armées à la légère, en tirailleuses. S'il ne le pense pas, il agit tout comme, par tempérament et par habitude. En tout cas, comme Montaigne, il ne dit rien qui n'ait une intention philosophique, il ne tire pas une flèche qui n'ait son but...

« C'est par l'impression, non par l'explication, en poète et en artiste, que le fabuliste touche et instruit... c'est dans le récit même que réside l'enseignement. Or, neuf fois sur dix, ce récit est si nettement suggestif, il dégage si clairement une sympathie bienveillante pour les humbles et les opprimés, un mépris raisonné et grandissant pour les vaniteux, les trompeurs et les oppresseurs ; il exhale, d'un bout à l'autre, un sentiment si sincère de justice, d'indulgence, de tendresse, qu'on éprouve, en le suivant, comme devant un spectacle instructif de la vie même, une émotion morale, pénétrante et durable, très supérieure à celle que peut donner aucun aphorisme abstrait, si magnifiquement formulé qu'il puisse être (1). »

Revenant un peu plus loin sur le même sujet, le même écrivain donne à son jugement des conclusions que les bons esprits ne manqueront pas de ratifier :

« On peut regretter que la morale des Fables, notre vrai, notre unique catéchisme laïque, jusqu'à présent, ne s'élève pas plus souvent et avec plus de décision au-dessus d'un enseignement pratique et de bon sens fondé sur une expérience courante, et ne s'adresse que si peu aux grandes énergies et aux nobles aspirations de l'âme. On doit reconnaître, néanmoins, que, pour la moyenne des intelligences, ces récits amusants et instructifs leur offrent, sous une forme attrayante, une somme énorme d'impressions délicates, de sentiments justes, d'observations

(1) *Les grands écrivains français*, collect. Hachette. *La Fontaine*, IIe partie, chap. IV.

exactes, de réflexions utiles, d'émotions poétiques, qu'elles acceptent sans résistance, dont elles restent pénétrées, et qui n'entreraient point chez elles par l'intermédiaire de créations littéraires plus hautes et plus nobles, mais d'un abord plus austère et qu'on lit rarement (1). »

Par un contraste qu'on ne peut s'empêcher de remarquer, La Fontaine est le poète de l'enfance qu'il n'a jamais aimée, et il a laissé une œuvre d'une grande moralité, après avoir été immoral dans sa vie et dans ses *Contes*, où l'écrivain licencieux se montre si différent de l'irréprochable auteur des *Fables*.

Les écarts de l'homme privé et ceux de l'imagination du poète expliquent qu'il ait pu donner des préceptes de conduite, sans être apte à composer un traité de morale, reposant sur des principes rigoureux et indiscutables. Ce n'est point là non plus ce que l'on trouve dans ses fables, à la fois si spirituelles et si sensées, d'où

(1) *Les grands écrivains français*, collect. Hachette. *La Fontaine*, IIe partie, chap. VI.

s'échappent tant d'observations profondes et d'enseignements utiles.

Leur morale n'a rien de sévère ni d'élevé. Elle a été rapetissée par de fausses applications du vulgaire, ainsi que le remarque très justement Saint-Marc-Girardin (1). Elle se prête, du reste, assez naturellement à des interprétations diverses, car elle n'est pas tranchante, ni dogmatique. Elle ne décide pas toujours; elle nous laisse souvent décider. Elle correspond à l'état d'esprit populaire, fait de patience et de résignation.

Il faut prendre le monde comme il va et les choses comme elles sont. Tâchons de n'être ni victimes, ni dupes; mais n'espérons pas réformer le genre humain, et supportons ce que nous ne pouvons empêcher. C'est à quoi se réduit la philosophie pratique de La Fontaine, sa morale sensée, d'un usage commode et qui nous laisse sans amertume, sans décevantes illusions.

(1) *La Fontaine et les Fabulistes*, t. I, p. 426.

Le plus fort opprime le plus faible ; l'iniquité triomphe souvent du bon droit et de l'innocence. Ce n'est pas la morale qui le veut ainsi ; c'est le partage inévitable d'un monde rempli d'imperfections, de travers, de passions méchantes. Être dupé, tyrannisé, mangé, tel est le sort de ceux qui, à défaut de la force et du pouvoir, n'ont pas la prudence et l'habileté pour éviter les pièges, échapper à la domination et aux convoitises.

Nous ne trouvons que trop de mangeurs ici-bas.
Ceux-ci sont courtisans, ceux-là sont magistrats (1).

La Fontaine aperçoit les abus de la puissance, les misères et les souffrances des humbles, les maux qui résultent des inégalités sociales et de l'injustice humaine. Il a eu le mérite de les faire sentir à une époque où les grandeurs du règne fixaient tous les regards, et concentraient sur elles les hommages et l'admiration. Il penche visiblement vers les faibles et les petites gens, et

(1) *Le Renard, les Mouches et le Hérisson,* liv. XII, 13.

ne se montre favorable ni à l'arbitraire, ni aux privilégiés du rang et de la fortune. Le blâme et la critique ne vont pas chez lui jusqu'à l'indignation. Il censure en riant. Dans les caractères des animaux, il peint des caractères humains.

Le lion est l'image de la force, de la domination, d'une domination qui ne cherche pas à se dissimuler. La génisse, la chèvre et la brebis se sont associées à lui, dans l'espoir de mettre en commun les profits et les pertes. Mais quand il s'agit de partager la dépouille du cerf, pris dans les lacs de la chèvre, le lion, en ayant fait quatre parts, s'attribue la première « en qualité de sire ».

Elle doit être à moi, dit-il, et la raison,
C'est que je m'appelle lion :
A cela l'on n'a rien à dire.
La seconde par droit me doit échoir encor :
Ce droit, vous le savez, c'est le droit du plus fort.
Comme le plus vaillant, je prétends la troisième.
Si quelqu'une de vous touche à la quatrième,
Je l'étranglerai tout d'abord (1).

(1) *La Génisse, la Chèvre et la Brebis en société avec le Lion,* liv. I, 6.

Le lion abuse de sa puissance. Malheur à qui tombe sous sa griffe! Étant redoutable, il a nécessairement des flatteurs, des courtisans. Il est le roi, un roi qui ne souffre ni la contradiction, ni la résistance. Quand il perd sa femme, il faut que tout le monde verse des larmes, sous peine d'être dénoncé comme le cerf qui n'a pas pleuré et qu'on a vu rire. Il n'échappe au dernier supplice que par une histoire mensongère. Il raconte que « la reine » lui est apparue « couchée entre des fleurs », et jouissant aux Champs Élysées de la plus pure félicité. Il ne faut donc pas s'affliger, mais se réjouir. On crie aussitôt au miracle.

Le cerf eut un présent, bien loin d'être puni.

Rien de plus facile à tromper que ceux qui croient faire tout fléchir sous leur volonté.

L'absolutisme est dupe du mensonge et de la flatterie, seules barrières qu'on puisse lui opposer, et qu'élèvent l'ambition et la duplicité.

Amusez les rois par des songes,
Flattez-les, payez-les d'agréables mensonges :
Quelque indignation dont leur cœur soit rempli,
Ils goberont l'appât ; vous serez leur ami.

Aussi s'est-il formé une race n'ayant d'autre but que de capter les faveurs du prince, de le tromper et de régner sur lui, en servant ses passions, en flattant ses travers. C'est la race des courtisans. La Fontaine, d'ordinaire si indulgent, leur réserve ses traits les plus acérés. Il définit la cour :

Un pays où les gens
Tristes, gais, prêts à tout, à tout indifférents,
Sont ce qu'il plaît au prince, ou s'ils ne peuvent l'être,
Tâchent au moins de le paraître.
Peuple caméléon, peuple singe du maître ;
On dirait qu'un esprit anime mille corps :
C'est bien là que les gens sont de simples ressorts (1).

Le lion n'entend pas qu'on se dispense de ses devoirs de cour. Tous ses sujets sont invités à venir pendant un mois dans son Louvre, « vrai

(1) *Les Obsèques de la Lionne*, liv. VIII, 14.

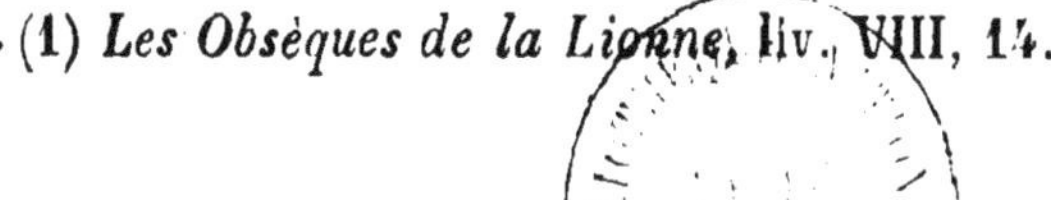

charnier », dont l'odeur, venue des cadavres, fait faire la grimace à l'ours qui se bouche le nez. Il s'en va grossir le nombre des victimes servies sur la table du prince. Le singe, craignant un pareil sort, se répand en flatteries outrées, loue la rigueur du Roi et se récrie sur la bonne odeur, sur le parfum exquis qu'exhale la demeure royale. Il n'est pas mieux traité que l'ours. L'un a été trop franc ; l'autre, flatteur maladroit.

Le lion, c'est le pouvoir absolu, la force et le despotisme. Mais il arrive au roi des animaux de se montrer généreux envers le rat qui, à son tour, lui sauve la vie (1).

Le renard est le parfait courtisan. Il saura, lui, échapper aux atteintes de la terrible Majesté. Il n'aura ni la rude franchise de l'ours, ni la flatterie outrée du singe. Plutôt que de se prononcer sur l'odeur du charnier, il alléguera un rhume et s'en tirera par cet expédient.

(1) *Le Lion et le Rat,* liv. II, 11.

Ne soyez à la cour, si vous y voulez plaire,
Ni fade adulateur, ni parleur trop sincère,
Et tâchez quelquefois de répondre en Normand (1).

Le renard a le talent de se dérober ; il évite la disgrâce et les occasions dangereuses. Lorsqu'il ne peut lutter par la ruse, il s'abstient. Sa méfiance est toujours en éveil. Habile à tendre des pièges, il craint ceux d'autrui. Il se garde bien d'obéir à l'ordre du lion malade, convoquant ses vassaux dans l'antre où il se propose de les manger à son aise (2). Il se dispense également d'aller proposer un remède contre la vieillesse à un vieux lion « décrépit, goutteux, n'en pouvant plus », et le loup ayant méchamment, « au coucher du roi », fait remarquer son absence, le renard est obligé de venir se justifier. Il prétexte un pèlerinage entrepris pour la guérison du lion, auquel il conseille de s'appliquer la peau d'un loup écorché vif, afin de retrouver la chaleur que le grand âge lui a

(1) *La Cour du Lion*, liv. VII, 7.
(2) *Le Lion malade et le Renard*, liv. VI, 14.

fait perdre. L'avis est fort goûté, et le renard bien vengé des mauvais propos du loup (1).

Le renard personnifie l'esprit cauteleux, fertile en inventions friponnes. Sa figure sournoise, sa démarche ondoyante décèlent son caractère perfide. Il excelle à faire des dupes, à se jouer des difficultés, à sauver ses jours aux dépens des autres. Lorsqu'il est descendu dans un puits pour se désaltérer, et se voit menacé d'y rester, il s'arrange de manière à être délivré par « son compère le bouc », et le laisse se morfondre à sa place, après avoir joint l'ironie à l'artifice (2). Rencontrant un cheval, « le premier qu'il eût vu de sa vie », il appelle le loup à son secours et fait en sorte qu'il reçoive en pleine mâchoire le coup de pied que le cheval lui destinait (3). Une autre fois, mourant de faim, il a vu la lune se refléter dans un puits et l'a prise pour un fromage. Il s'aperçoit de sa méprise,

(1) *Le Lion, le Loup et le Renard*, liv. VIII, 3.

(2) *Le Renard et le Bouc*, liv. III, 5.

(3) *Le Renard, le Loup et le Cheval*, liv. XII, 17.

trop tard, quand il a cédé au désir de le voir de plus près et à la tentation de le manger. Vient à passer un loup. Il l'engage à venir prendre sa part du régal et à descendre au moyen de l'autre seau. Le loup ne résiste pas à cette invitation, et son poids fait remonter au haut du puits le renard qui se moque de sa crédulité (1).

La morale aurait vraiment à souffrir des succès du renard, s'il n'était trompé par la cigogne, dont la vengeance est de bon aloi (2). Il ne peut duper le vieux coq « adroit et matois », qu'il invite à descendre de l'arbre et qui, au lieu de l'écouter, feint d'apercevoir deux lévriers dont le nom seul met le renard en fuite (3). Malgré sa méfiance et son habileté, il est pris au piège; il y laisse sa queue, et ses confrères lui répondent par des huées, lorsqu'il leur propose d'imiter son exemple (4).

(1) *Le Loup et le Renard,* liv. XI, 6.
(2) *Le Renard et la Cigogne,* liv. I, 18.
(3) *Le Coq et le Renard,* liv. II, 15.
(4) *Le Renard qui a la queue coupée,* liv. V, 5.

La ruse et l'hypocrisie sont représentées sous les traits du renard et du chat qui s'en vont « comme beaux petits saints » en pèlerinage.

C'étaient deux vrais tartufs, deux archipatelins,
Deux francs patte-pelus qui des frais du voyage,
Croquant mainte volaille, escroquant maint fromage,
S'indemnisaient à qui mieux mieux.

La Fontaine ne cherche pas à les rendre intéressants ; il leur prodigue les épithètes les mieux faites pour nous donner l'horreur de leur caractère. En cette occasion, le prix de l'habileté et du savoir-faire appartient au chat, qui réussit à sauver sa vie en grimpant sur un arbre, tandis que le renard, malgré ses tours et son agilité, est pris et étranglé par des chiens, au sortir d'un terrier (1).

Le chat est le type de l'hypocrite. Toutes ses vertus ne sont qu'apparence et tromperie. Il contrefait la dévotion pour parvenir à ses fins, « vivant comme un dévot ermite ».

(1) *Le Renard et le Chat*, liv. IX, 14.

Un chat faisant la chattemitte,
Un saint homme de chat, bien fourré, gros et gras (1).

Il remplit ses devoirs religieux, fait sa prière,

Comme tout dévot chat en use les matins (2).

Il est « fin, subtil et narquois (3) ». Le souriceau, qui n'a jamais rien vu, est attiré par son air « doux, bénin et gracieux », et en fait le portrait à sa mère.

Il est velouté comme nous,
Marqueté, longue queue, une humble contenance,
Un modeste regard, et pourtant l'œil luisant (4).

Comme on sent la griffe sous cette bonhomie caressante et cette douceur perfide, insinuante! Le langage du chat est digne, du reste, onctueux, patelin, presque attendrissant. Il parlera au besoin de son grand âge et de ses infirmités, lorsqu'il médite un méchant tour :

(1) *Le Chat, la Belette et le Petit Lapin*, liv. VII, 16.

(2) *Le Chat et le Rat*, liv. VIII, 22.

(3) *La Querelle des Chiens et des Chats, celle des Chats et des Souris*, liv. XII, 8.

(4) *Le Cochet, le Chat et le Souriceau*, liv. VI, 5.

Mes enfants, approchez,
Approchez ; je suis sourd, les ans en sont la cause (1).

Comment n'être pas touché à l'aspect d'un vieillard si vénérable et si bon ? La belette et le lapin le prennent pour arbitre de leur différend. Le fourbe met les plaideurs d'accord, en les croquant l'un et l'autre.

Le chat ne tarit pas en inventions perfides, dignes d'une « bête scélérate ». Pour mieux attraper ses victimes, les souris, il va jusqu'à contrefaire le mort et à se suspendre au plafond, la tête en bas. Une autre fois, il prend la forme d'un bloc enfariné ; mais il ne réussit pas à tromper un rat « vieux routier », qui « avait perdu sa queue à la bataille », et crie de loin à son ennemi :

Rien ne te sert d'être farine,
Car quand tu serais sac, je n'approcherais pas (2).

Un autre rat consent à délivrer le chat, pris

(1) *Le Chat, la Belette et le Petit Lapin,* liv. VII, 16.
(2) *Le Chat et le Vieux Rat,* liv. III, 18.

au piège; mais c'est pour s'affranchir lui-même d'adversaires dangereux, et il se garde bien, quand il le rencontre, de se fier aux protestations doucereuses de celui dont il a sauvé la vie.

Aucun traité
Peut-il forcer un chat à la reconnaissance (1)?

Voilà certes un odieux personnage; il joint la méchanceté à l'hypocrisie, il fait bien des dupes; mais il est dupe lui-même du singe pour lequel il a tiré les marrons du feu (2). La morale est encore une fois satisfaite. Les ruses échouent contre la prudence, et les trompeurs sont souvent trompés (3).

Le loup n'a ni l'astuce du renard, ni l'hypocrisie du chat. C'est un méchant qui parle et agit en méchant. Il a au moins le mérite de ne

(1) *Le Chat et le Rat*, liv. VIII, 22.

(2) *Le Singe et le Chat*, liv. IX, 17.

(3)
La ruse la mieux ourdie
Peut nuire à son inventeur,
Et souvent la perfidie
Retourne sur son auteur.
(*La Grenouille et le Rat*, liv. IV, 11.)

tromper personne, même lorsqu'il cherche à employer la dissimulation. Le troupeau le reconnaît bien vite à la voix, sous ses habits de berger (1). C'est en vain qu'il cherche à se faire ouvrir la porte du chevreau qui, bien instruit par sa mère, lui demande de montrer patte blanche (2). Il lui arrive souvent des mésaventures. Le cheval lui donne un coup de pied (3), au moment où il se préparait à le duper, en se faisant passer pour médecin. Il est le jouet du renard. La cigogne a été assez simple pour lui réclamer son salaire, après lui avoir retiré un os du gosier, et il lui répond que sa reconnaissance a consisté à ne pas l'étrangler, aussitôt après qu'elle lui a rendu ce service (4). Il est toujours dominé par ses instincts cruels, et, afin de les satisfaire, il mène une vie vagabonde et misérable. Tous ses pareils sont comme lui

(1) *Le Loup devenu berger,* liv. III, 3.
(2) *Le Loup, la Chèvre et le Chevreau,* liv. V, 15.
(3) *Le Loup et le Cheval,* liv. V, 8.
(4) *Le Loup et la Cigogne,* liv. III, 9.

« cancres, hères et pauvres diables ». Même s'il meurt de faim, il ne saurait acheter le bien-être et l'abondance au prix de sa liberté. Le chien lui prouve cependant qu'on peut être heureux dans la servitude (1), tandis qu'il n'y a pas de bonheur pour le pervers qui n'use de son indépendance que pour faire le mal.

Méfions-nous des méchants. Ne leur témoignons pas une confiance qu'ils ne méritent pas, et dont ils nous feraient promptement repentir.

La lice a cédé à un mouvement de compassion, en prêtant sa demeure à sa compagne sur le point de mettre bas. Lorsqu'elle revient pour la seconde fois réclamer son logis, elle se trouve en face de toute une famille qui lui montre les dents et refuse de sortir.

Ce qu'on donne aux méchants, toujours on le regrette;
Pour tirer d'eux ce qu'on leur prête,
Il faut que l'on en vienne aux coups;
Il faut plaider, il faut combattre.

(1) *Le Loup et le Chien*, liv. I, 5.

Laissez-leur prendre un pied chez vous,
Ils en auront bientôt pris quatre (1).

Les pigeons « au cœur tendre et fidèle » ont agi avec la candeur de leur nature. Ils ont voulu mettre la paix entre les vautours, et, loin d'être récompensés de leurs bonnes intentions, ils périssent victimes de ceux qui, n'ayant plus la guerre chez eux, tombent à coups de bec sur leurs médiateurs et en font un ample carnage.

Tenez toujours divisés les méchants :
La sûreté du reste de la terre
Dépend de là. Semez entre eux la guerre,
Ou vous n'aurez avec eux nulle paix.
Ceci soit dit en passant : je me tais (2).

Le conseil est bon, et les hommes peuvent profiter de la leçon donnée par les animaux. Partout les puissants tyrannisent les faibles.

La raison du plus fort est toujours la meilleure (3).

(1) *La Lice et sa Compagne*, liv. II, 7.

(2) *Les Vautours et les Pigeons*, liv. VII, 8. Voir aussi *les Loups et les Brebis*, liv. III, 13.

(3) *Le Loup et l'Agneau*, liv. I,

Elle n'est pas la meilleure dans le sens de l'équité, mais elle décide souvent en dernier ressort dans les affaires humaines. Le fabuliste ne prend pas le parti du loup contre l'agneau; il a tout fait pour le rendre haïssable, en lui opposant l'innocence et la faiblesse, et en mettant dans sa bouche les plus mauvais arguments.

Le cormoran devenu vieux a recours au stratagème; il trouve encore moyen de se fournir de poissons, et ceux-ci sont ses dupes, au lieu d'être la proie du maître de l'étang (1).

L'hirondelle n'agit pas avec plus de scrupules envers l'araignée :

Jupin pour chaque état mit deux tables au monde :
L'adroit, le vigilant et le fort sont assis
A la première; et les petits
Mangent leur reste à la seconde (2).

Lorsque deux taureaux se battent pour une

(1) *Les Poissons et le Cormoran*, liv. X, 4.
(2) *L'Araignée et l'Hirondelle*, liv. X, 7.

génisse, ce sont les pauvres grenouilles qui payent les frais de la guerre :

> Hélas! on voit que de tout temps
> Les petits ont pâti des sottises des grands (1).

La justice humaine est boiteuse; sa balance penche du côté de la toute-puissance; elle a deux poids et deux mesures. L'innocent court risque d'être condamné, si le pouvoir, le crédit, l'intimidation sont au service de la partie adverse.

> Selon que vous serez puissant ou misérable,
> Les jugements de cour vous rendront blanc ou noir (2).

L'âne l'apprend à ses dépens et sert de victime expiatoire aux grands coupables. Nous serions tentés de nous apitoyer sur son sort. Il plie souvent sous le fardeau; on lui prodigue les coups; mais il est inintelligent et orgueilleux.

(1) *Les Deux Taureaux et la Grenouille*, liv. II, 4.
(2) *Les Animaux malades de la peste*, liv. VII, 1.

Il se croit l'objet d'un culte, lorsqu'il porte des reliques (1).

Il se faut entr'aider, c'est la loi de nature (2).

L'âne a failli à cette loi; il ne songe qu'à brouter et refuse de laisser le chien prendre son dîner dans le panier au pain. Il en est puni, et le loup l'étrangle, sans que le chien vienne à son secours. Il ne cesse d'importuner de ses plaintes le Sort, qui finit par renoncer à s'occuper de lui (3). Il est toujours mécontent de ses maîtres, quels qu'ils soient. S'il a souvent à souffrir, il le doit beaucoup à ses défauts. Le petit chien est plus heureux; il obtient les faveurs du maître, et l'âne, qui a voulu l'imiter, n'attrape que des coups de bâton (4). C'est un lourdaud, et on le lui pardonne d'autant moins qu'il a des prétentions.

(1) *L'Ane portant des reliques*, liv. V, 14.
(2) *L'Ane et le Chien*, liv. VIII, 17.
(3) *L'Ane et ses Maîtres*, liv. VII, 11.
(4) *L'Ane et le Petit Chien*, liv. IV, 5.

L'esprit, les talents, l'art de plaire sont des moyens de réussir. La bonne grâce et le savoir-faire l'emportent sur la gaucherie et la maladresse, et la sottise qu'accompagne la suffisance n'a rien à attendre que les mécomptes et le ridicule.

II

La Fontaine ne s'est pas borné à dessiner des caractères. Il a semé dans ses fables une foule de sages préceptes et de vérités utiles. Il nous exhorte à secourir nos semblables (1), nous enseigne qu'on a souvent besoin d'un plus petit que soi (2), qu'il ne faut pas parler sans agir (3), ni prendre pour règle de nos actions

(1) *La Colombe et la Fourmi,* liv. II, 12. — *Le Cheval et l'Ane,* liv. VI, 16.

(2) *Le Lion et le Rat,* liv. II, 11.

(3) *Conseil tenu par les Rats,* liv. II, 2.

les vains propos des gens disposés à tout censurer et à s'occuper de ce qui ne les regarde pas (1).

> Le sage dit selon les gens :
> Vive le Roi ! vive la Ligue (2) !

Ces vers nous recommandent-ils la palinodie et l'infidélité politique, comme on semble le croire généralement? C'est, sans doute, forcer l'intention du poète. Il s'agit ici, qu'on ne l'oublie pas, d'une chauve-souris tombée deux fois au pouvoir d'ennemies, et qu'elle trompe afin de sauver ses jours. Sa duplicité a le danger pour excuse. Cette morale n'est pas celle des esprits indépendants et des caractères élevés; c'est celle des petits et des faibles, contraints de plier devant la nécessité, de fléchir les puissants, et condamnés à la ruse par l'insuffisance de leurs moyens de défense. La Fontaine a songé à ceux-là; il a compati à leurs servitudes,

(1) *Le Meunier, son Fils et l'Ane*, liv. III, 1.
(2) *La Chauve-Souris et les Deux Belettes*, liv. II, 5.

et s'est montré sévère surtout pour les grands :

La raison les offense; ils se mettent en tête
Que tout est né pour eux, quadrupèdes et gens,
Et serpents.
Si quelqu'un desserre les dents,
C'est un sot, j'en conviens : mais que faut-il donc faire?
Parler de loin ou bien se taire (1).

Pour avoir dit son fait au roi de la création, la couleuvre est condamnée à mort. Elle n'a pas craint d'accuser l'homme de tyrannie, d'ingratitude, et elle a voulu se donner le plaisir de lui dire la vérité, avant de périr de sa main. L'homme diffère son exécution; il appelle en témoignage, devant son tribunal, la vache qui dépose contre lui. Elle l'a nourri de son lait, elle lui a rendu la santé, elle lui a rapporté de l'argent. Comment a-t-elle été récompensée de ses services par l'homme?

Enfin, me voilà vieille; il me laisse en un coin
Sans herbe : s'il voulait encor me laisser paître!

(1) *L'Homme et la Couleuvre,* liv. X, 2.

Mais je suis attachée : et si j'eusse eu pour maître
Un serpent, eût-il su jamais pousser si loin
L'ingratitude?

Le bœuf vient ensuite; il énumère ses travaux, ses peines. Il ne reçoit en échange que des coups, et on l'immole en sacrifice aux dieux dans sa vieillesse. Ces deux témoins étant récusés, l'arbre est pris pour juge. Il se plaint à son tour de l'ingratitude humaine, oublieuse des fleurs dont il a réjoui les yeux au printemps, des fruits qu'il a donnés en automne et de l'ombrage sous lequel on est venu en été chercher un abri. On porte sur lui la cognée, sans lui laisser finir sa vie. L'homme n'a rien à répondre à de tels arguments; mais il est le maître et exécute sa sentence.

C'est de l'homme qu'il faut se plaindre seulement,

dit la perdrix, élevée au milieu des coqs qui la font souffrir de leur humeur querelleuse, de leurs rivalités et de leurs jalousies (1).

(1) *La Perdrix et les Coqs,* liv. X, 8.

Nous avons vu pendant longtemps les défauts et les faiblesses de l'humanité à travers les animaux. Cette fois, ce sont les animaux qui s'érigent en juges des hommes et prononcent sa condamnation. Leur condition est préférée à la nôtre par les compagnons d'Ulysse, changés en bêtes et qui refusent de reprendre leur forme première (1). Le lion ne veut pas renoncer à la puissance que lui confèrent ses dents et ses griffes. L'ours ne se trouve pas plus mal tourné que l'homme, et le loup ne se croit pas plus cruel.

La Fontaine touche ici au fond même de l'humanité, à ses instincts, ses passions et sa perversité. Par là il se rapproche de nos moralistes ; mais le pessimisme n'est ni dans sa nature, ni dans le genre agréable et léger auquel il est resté fidèle.

Si peu courtisan que soit La Fontaine, dont l'humeur indépendante l'éloigne des servi-

(1) *Les Compagnons d'Ulysse*, liv. XII, 1.

tudes de la cour, il sait cependant faire fumer l'encens devant la favorite, et lui élève un temple dans ses vers (1). Le duc du Maine reçoit l'hommage du poète, et sa naissance, qui rappelle les scandales du trône, est célébrée sous le voile de l'allégorie (2). Comment ne pas saluer l'astre qui brille à Versailles et projette ses rayons sur le siècle? Mais si La Fontaine paye aux grandeurs et aux puissances de son temps le tribut obligatoire, il n'en paraît pas ébloui. Il vise de ses traits le pouvoir absolu, et le blâme perce sous les allusions (3).

Il a critiqué le despotisme royal et l'abus de la puissance. Il n'est cependant pas l'ennemi de l'autorité. Il la défend dans l'apologue des *Membres et de l'Estomac*, et justifie le pouvoir d'un seul par l'utilité qu'en retire le grand nom-

(1) Liv. VII. Épître dédicatoire à Mme de Montespan.

(2) *Les Dieux voulant instruire un fils de Jupiter*, liv. XI, 2.

(3) *Le Milan, le Roi et le Chasseur*, liv. XII, 12, et les fables sur le lion citées plus haut.

bre. La moralité de cette fable est presque une profession de foi politique :

Ceci peut s'appliquer à la grandeur royale.
Elle reçoit et donne, et la chose est égale.
Tout travaille pour elle, et réciproquement.
Tout tire d'elle l'aliment.
Elle fait subsister l'artisan de ses peines,
Enrichit le marchand, gage le magistrat,
Maintient le laboureur, donne paye au soldat,
Distribue en cent lieux ses grâces souveraines,
Entretient seule tout l'État.

La Fontaine, qui a fait des leçons aux rois et au pouvoir absolu, n'a pas flatté la démocratie; et c'est à ses prétentions orgueilleuses, aux calamités qu'elle engendre par l'absence de hiérarchie et d'autorité que s'adresse la fable de *la Tête et la Queue du serpent* (1). Plutarque, la commentant à sa manière, avait dit : « Nous voyons le mesme inconvénient estre advenu à plusieurs qui, au gouvernement de la chose publique, ont voulu faire toutes choses au gré

(1) Liv. VII, 17.

de la multitude ; car s'estant une fois attachés à ce joug de servitude, de vouloir en tout et partout agréer à la commune qui, bien souvent, s'esmeut témérairement et sans raison quelconque, ils n'ont sçu puis après retirer, ni retenir et arrester la fureur et témérité du peuple (1). »

La Fontaine traite le sujet avec son esprit et sa gaieté. Il fait, selon sa coutume, agir et parler les personnages :

La tête avait toujours marché devant la queue.
La queue au ciel se plaignit
Et lui dit :
— Je fais mainte et mainte lieue
Comme il plaît à celle-ci.
Croit-elle que toujours j'en veuille user ainsi ?
Je suis son humble servante.
On m'a faite, Dieu merci,
Sa sœur et non sa suivante.
Toutes deux de même sang,
Traitez-nous de même sorte :
Aussi bien qu'elle je porte
Un poison prompt et puissant.

(1) *Vie d'Agis et de Cléomène*. Traduction d'Amyot.

Enfin, voilà ma requête :
C'est à vous de commander
Qu'on me laisse précéder
A mon tour ma sœur la tête.

C'est l'histoire de toutes les révolutions; c'est celle du tiers état qui, n'étant rien, veut être tout. La fable a eu de sanglantes applications dans la vie des peuples. La morale de La Fontaine est dans la mort du serpent, qui périt victime du système où la queue conduit la tête.

Il y a de bons gouvernements; il n'y en a pas de parfaits. Les peuples qui en changent trop souvent sont exposés à tomber d'un médiocre dans un pire, comme les grenouilles qui essayent successivement de la démocratie et de la royauté (1). Elles n'ont rien gagné aux révolutions, et puisqu'elles n'ont pas su garder un roi débonnaire, elles auront un tyran.

La sagesse de la Providence est supérieure à la sagesse humaine, qui doit se confier à elle.

(1) *Les Grenouilles qui demandent un Roi,* liv. III, 4.

Tel est le sujet de deux fables (1). Dans l'une, on voit le métayer se repentir d'avoir obtenu de Jupiter le dangereux privilège de faire la pluie et le beau temps. Ses voisins sont plus heureux. Le ciel a pourvu à leurs besoins.

> Concluons que la Providence
> Sait mieux ce qu'il nous faut que nous.

Garo a douté de cette vérité. Il s'est étonné que les citrouilles ne fussent pas suspendues aux branches du chêne, au lieu des glands. « Dieu s'est mépris. » Mais voici que du chêne à l'ombre duquel il s'est étendu pour se livrer au sommeil, un gland se détache et lui meurtrit légèrement le visage.

> Oh! oh! dit-il, je saigne! Et que serait-ce donc
> S'il fût tombé de l'arbre une masse plus lourde,
> Et que ce gland eût été gourde?
> Dieu ne l'a pas voulu : sans doute, il eut raison ;
> J'en vois bien à présent la cause.
> En louant Dieu de toute chose,
> Garo retourne à la maison.

(1) *Jupiter et le Métayer,* liv. VI, 4. — *Le Gland et la Citrouille,* liv. IX, 3.

Si la fable *le Rat qui s'est retiré du monde* (1) n'est pas une satire contre les moines, elle laisse deviner un sentiment moqueur, et l'on y retrouve un héritage du vieil esprit des fabliaux du moyen âge, où les Ordres monastiques n'étaient pas épargnés. Le même esprit a inspiré *le Curé et le Mort* (2), malicieux commentaire d'une histoire vraie.

La raillerie de La Fontaine n'est jamais amère; elle ne blesse pas, elle effleure. Rien n'est méchanceté, tout est enjouement chez celui qui connut les erreurs de la passion, sans avoir jamais les vices du cœur. Ce n'est pas l'apôtre de l'héroïsme; c'est celui du bon sens et de la raison. Il cherche moins à nous corriger qu'à nous avertir, et nous offre une morale en action, mise à la portée de tous. Il nous enseigne à être compatissant et secourable, nous prêche le dédain de la richesse et des grandeurs, le goût de la vie simple et médiocre. Sans illusion

(1) Liv. VII, 3.
(2) Liv. VII, 11.

sur le mal, il est contre lui sans colère, et nous incline doucement vers le bien. Peignant l'humanité telle qu'elle est, il ne nous attriste pas de ses défauts ; il nous égaye à ses dépens, en rendant la sagesse aimable et la vertu indulgente.

CHAPITRE IV

L'ESPRIT DU TRAVAIL

La première fable de La Fontaine est l'éloge du travail, de l'ordre et de l'économie prévoyante ; c'est la condamnation de la vie oisive et dissipée (1). La fourmi a été laborieuse et rangée ; elle a vaqué aux soins de ses affaires, conservé son patrimoine, approvisionné ses greniers. Telle n'a pas été la cigale, paresseuse et légère, ayant gaspillé son temps, et voyant venir l'hiver avec la disette et la faim. Elle est réduite à implorer la fourmi, et à lui demander non l'aumône, mais un prêt qu'elle s'engage à lui rembourser le plus tôt possible. La fourmi ne se résigne pas à secourir une voisine qui, au

(1) *La Cigale et la Fourmi,* liv. I, 1.

lieu de suivre son exemple, a mené joyeuse vie. Plus elle a été active, économe, moins elle est disposée à se montrer généreuse envers celle qui n'a su ni prévoir, ni amasser comme elle. Rendons justice à ses qualités et à ses vertus. Pourtant elle n'est pas sans reproche, car au lieu d'éconduire doucement la solliciteuse, elle joint l'ironie au refus :

> Vous chantiez, j'en suis bien aise.
> Eh bien, dansez maintenant.

A force de savoir compter, elle est devenue dure et presque cruelle. Elle pouvait ne rien prêter à la cigale; mais il ne fallait pas l'insulter. Rien ne ferme le cœur à la compassion comme une existence dominée par le calcul et renfermée dans l'intérêt. Nous ne souhaiterions pas la fourmi moins laborieuse; mais nous la voudrions plus secourable et surtout moins railleuse. Le malheur doit désarmer, lors même qu'il est mérité, et c'est envers celui-là que la bienfaisance a le plus d'occasions de s'exercer.

Sous l'ancien régime, la noblesse s'endettait pour aller à la cour. Lorsqu'on avait souvent répété le dialogue de Don Juan avec M. Dimanche (1), et qu'on se voyait menacé d'une ruine prochaine, on cherchait à « mettre du fumier sur ses terres », selon le mot impertinent de Mme de Grignan, qui faisait épouser à son fils la fille d'un fermier général. Un Juif comme Samuel Bernard voyait rechercher son alliance par des maisons ducales. La bourgeoisie cédait à la vanité, apportant ses épargnes aux gentilshommes appauvris, et n'avait pas toujours à se féliciter de mariages qui devenaient pour elle une duperie. La finance, par ses goûts fastueux, se rapprochait plus volontiers d'une aristocratie possédée du désir de paraître et de briller.

Les comédies de l'ancien répertoire mettent en scène ces dissipateurs de qualité qui, non content d'emprunter, tâchaient d'épouser (2).

(1) Acte IV, scène III.

(2) *Le Chevalier à la mode* et *les Bourgeoises de qualité*,

Dans l'*École des bourgeois* (1), nous voyons le marquis de Moncade, jeune fat ruiné, obtenir la main de la fille de Mme Abraham, Juive au moins d'origine, qui lui a prêté cent mille francs, et consent à annuler cette créance, en faveur d'un mariage qui flatte sa vanité, car le marquis présentera sa femme à la cour. Mais l'infatuation de son rang est cause de sa perte. Ne croyant avoir plus rien à ménager, il écrit à un duc de ses amis pour l'inviter à sa noce, en faisant une peinture grotesque de la famille dans laquelle il va entrer. Il adresse en même temps un billet à sa future. Son coureur se trompe, et remet à celle-ci la lettre satirique qui ne lui était point destinée. Mme Abraham est indignée des railleries qu'elle renferme contre elle et contre tous les siens, et elle s'empresse de rompre avec celui qui exploitait sa vanité

comédies de Dancourt jouées, l'une en 1687, l'autre en 1700.

(1) Comédie de d'Allainval, représentée pour la première fois en 1728 au Théâtre-Français, où elle a été reprise de nos jours.

pour refaire sa fortune. Cette fourmi a été prêteuse, et la cigale s'est moquée d'elle; mais elle en a été punie.

« La noblesse est ruinée jusqu'à ne pouvoir subsister que par des mésalliances et autres démarches qui l'avilissent », écrit d'Argenson sous Louis XV (1). « La noblesse se ruine et s'anéantit tous les jours, et le tiers état s'empare des fortunes », dit à son tour Mirabeau (2).

De l'aveu du marquis de Bouillé (3), toute la noblesse de France, à l'exception de deux ou trois cents familles, en était là en 1789.

Les cigales allaient alors cesser de chanter, et les fourmis elles-mêmes devaient tomber dans les serres des vautours révolutionnaires. On n'avait plus besoin de leur emprunter à l'époque où l'on venait tout prendre.

La fourmi offre une image de la bourgeoisie

(1) *Considérations sur le gouvernement ancien et présent de la France*, p. 172.

(2) *Réponse aux objections sur les États provinciaux.*

(3) *Mémoires relatifs à l'histoire de France*, t. XXI, 121. Collect. Barrière.

prudente, économe et calculatrice, ayant l'esprit du travail et de la conservation, peu sujette aux entraînements de la fortune et de la libéralité, et leur opposant le goût parfois excessif de l'épargne.

De nos jours, les cigales sont ce qu'elles furent de tout temps. L'on affirme qu'elles n'ont jamais été si nombreuses. Elles s'oublient au bruit des fêtes et des mondanités, se laissent éblouir par le luxe et les plaisirs, sans songer au lendemain. Quand la bise est venue, elles se mettent à la recherche de créanciers et ne trouvent pas toujours des fourmis assez complaisantes pour leur prêter. Elles disparaissent de la scène du monde où elles ont brillé un jour, et sont remplacées par d'autres cigales, aussi imprévoyantes et aussi frivoles.

La fourmi a eu des torts envers la cigale qu'elle ne devait pas railler, au moment où elle réclamait son assistance. Mais elle a cent fois raison de répondre aux orgueilleuses provocations de la mouche, dont elle rabaisse la suffisance en lui prédisant que, lorsque viendront les mauvais jours, elle mourra « de faim, de froid, de langueur, de misère », tandis qu'elle, fourmi, recevra la récompense de ses peines :

Alors, je jouirai du fruit de mes travaux.
Je n'irai par monts ni par vaux
M'exposer au vent, à la pluie;
Je vivrai sans mélancolie.
Le soin que j'aurai pris de soin m'exemptera.
Je vous enseignerai par là
Ce que c'est qu'une fausse et véritable gloire.
Adieu; je perds le temps : laissez-moi travailler.
Ni mon grenier, ni mon armoire,
Ne se remplit à babiller (1).

Voilà bien le langage d'une bonne ménagère qui connaît le prix du temps, et ne peut s'attarder en conversations oisives, en discussions stériles avec des babillardes, occupées de bagatelles et de futilités. La mouche, bien différente, passe sa vie à bourdonner, à s'introduire partout, à importuner les gens. Elle n'a rien à faire

(1) *La Mouche et la Fourmi,* liv. IV, 3.

et fatigue tout le monde de son oisiveté. C'est une inutile qui se croit nécessaire. Elle se figure que sans elle le coche n'aurait jamais gravi la côte :

J'ai tant fait que nos gens sont enfin dans la plaine (1).

Rien de plus affairé que ces créatures toujours prêtes à s'occuper des autres et à se mêler de ce qui ne les regarde pas. On croirait à leurs airs importants qu'elles ont le monde à gouverner. Combien ne rencontrons-nous pas de pareilles mouches sur notre chemin! Nous voudrions suivre le conseil de La Fontaine et les chasser ; mais elles reviennent toujours, et il est impossible de s'en délivrer.

Au fléau de l'oisiveté il faut opposer le bienfait du travail. Le travail, c'est la loi divine décrétée contre l'homme déchu ; ce fut son châtiment, et c'est aussi sa force et son appui.

Le travail, nécessaire au pauvre, n'est pas

(1) *Le Coche et la Mouche,* liv. VII, 9.

moins indispensable au riche pour échapper aux misères morales. Il console et il apaise; il est comme un baume salutaire sur les plaies du cœur. On reconnaît dans la satisfaction qu'il laisse aux heures de repos la récompense attachée au devoir accompli. S'il n'est pas en son pouvoir de faire taire les grandes douleurs, il chasse les noirs soucis, remplit le vide de l'âme que les faux plaisirs du monde ne parviennent pas à combler.

En faisant du travail une nécessité à l'artisan, au laboureur, à tous ceux qui doivent, sous peine de connaître les tourments de la faim, gagner le pain quotidien à la sueur de leur front, la Providence leur accorde un don précieux et les exempte du plus grand des maux : l'ennui, ce ver rongeur de la richesse oisive. Ils obéissent à leur destinée. Leur labeur n'exclut pas la gaieté qui s'échappe dans la chanson joyeuse qu'on entend résonner aux champs et à l'atelier.

Les ouvriers de la pensée peuvent rivaliser

avec ceux de la matière, et le travail de l'esprit n'est pas moins utile, moins profitable que celui du corps. Il courbe l'homme sur la tâche où l'on trouve des joies intérieures et de nobles jouissances.

Ce qui manque le plus souvent aux classes élevées, aux privilégiés du rang et de la fortune, c'est l'esprit du travail et la juste notion de cette loi universelle à laquelle nul ne tente de se dérober impunément. De là tant de naufrages où l'on voit sombrer les existences les plus brillantes et les plus enviées.

Ne disons pas du travail qu'il est un fardeau; il allège la vie; il donne un aliment à notre âme, un intérêt à nos jours. Il est bienfaisant pour ceux même qui n'ont pas à lui demander un salaire. A tous les hommes, dans quelque condition que le Ciel les ait fait naître, il rapporte encore plus qu'il ne coûte, et nous pouvons en croire cet apologue si plein de vérité :

> Un riche laboureur, sentant sa fin prochaine,
> Fit venir ses enfants, leur parla sans témoins.

Gardez-vous, leur dit-il, de vendre l'héritage
Que nous ont laissé nos parents :
Un trésor est caché dedans.
Je ne sais pas l'endroit; mais un peu de courage
Vous le fera trouver : vous en viendrez à bout.
Remuez votre champ dès qu'on aura fait l'oût (1).
Creusez, fouillez, bêchez; ne laissez nulle place
Où la main ne passe et repasse.
Le père mort, les fils vous retournent le champ,
Deçà, delà, partout; si bien qu'au bout de l'an,
Il en rapporta davantage.
D'argent point de caché. Mais le père fut sage
De leur montrer avant sa mort
Que le travail est un trésor (2).

Ce trésor, nous l'avons tous dans notre champ. C'est à nous de l'y trouver. N'y laissons pas croître les ronces et cultivons l'héritage qui ne doit pas dépérir entre nos mains. Comme le laboureur, nous avons un sillon à creuser, et il faut jeter la semence pour préparer la moisson.

Ils sont à plaindre ceux dont les années s'écoulent dans l'agitation stérile et les amuse-

(1) Le mois d'août.
(2) *Le Laboureur et ses Enfants,* liv. V, 9.

ments frivoles. Ils n'amassent que des regrets et se trouveront sans ressource, sans abri, à la saison des frimas. L'expérience nous le dit avec le fabuliste : malheur à la cigale, et heureux celui qui sait, à l'exemple de la fourmi, remplir ses greniers et faire des provisions pour l'hiver de la vie !

CHAPITRE V

LES RICHESSES

De tout temps, l'or a été l'objet des convoitises des hommes et des imprécations des poètes.

« A quoi ne pousses-tu pas le cœur des mortels, soif détestable de l'or! » s'écrie Virgile avec indignation (1).

« Est-il rien parmi nous de plus sacré que la majesté de ton culte, funeste argent? » dit le satirique Juvénal (2).

Le doux Properce n'est pas moins scandalisé de la vénalité de ses contemporains :

« Aujourd'hui, l'on vend jusqu'aux dieux, et l'or achète Jupiter lui-même (3). »

(1) *Énéide,* liv. III.

(2) Satire I.

(3) Chant I, liv. IV.

« L'argent, écrit Horace, c'est ce qu'il faut rechercher avant tout. La vertu après les écus... Voilà la leçon que répètent les jeunes et les vieux (1). »

Bien des siècles après lui, un autre poète, Boileau, dénonce le pouvoir de l'argent à une époque féconde cependant en toutes sortes de gloires :

L'argent, l'argent, dit-on ; sans lui tout est stérile :
La vertu sans l'argent n'est qu'un meuble inutile.
L'argent en honnête homme érige un scélérat.
L'argent seul au palais peut faire un magistrat (2).

Nous entendons exprimer de nos jours les mêmes idées, presque dans les mêmes termes. On continue de maudire le veau d'or et de l'adorer, de tonner contre la richesse et de la désirer, d'où il faut conclure que l'humanité ne change pas et qu'elle est incorrigible. Depuis près de deux mille ans, on lui adresse les mêmes reproches en vers et en prose, et,

(1) Épître I, liv. I.
(2) Épître V.

n'en déplaise à ceux qui louent le temps passé pour mieux dénigrer le présent, elle n'est que ce qu'elle a toujours été, ce qu'elle sera toujours : ni meilleure, ni pire.

Les poètes ont raison de chercher à nous inspirer le mépris des richesses ; elles n'ont que trop de courtisans et d'envieux. Ils ont dû être sincères en nous prêchant l'abolition d'un culte qui n'a rien de noble, de consolant et d'élevé. S'ils avaient été riches, ils auraient connu les servitudes de la fortune ; moins libres, ils auraient été moins poètes. Pourtant, leur muse n'a souvent échappé aux dures nécessités de l'existence que grâce à d'illustres protecteurs, à des riches, amis des lettres, dont les largesses et l'hospitalité venaient au secours de leur insouciance et leur épargnaient les tracas de la vie matérielle, en laissant un libre essor à leur imagination, à leur esprit.

N'accusons pas leur ingratitude ; ils ont chanté leurs bienfaiteurs. Virgile a rappelé, dans des vers enthousiastes, ce qu'il devait à Auguste :

« C'est un dieu qui nous a fait ce sort tranquille, il sera toujours un dieu pour moi (1). »

Les œuvres d'Horace sont remplies du nom de Mécène. La Fontaine, lui aussi, a connu le prix des bienfaits et les douceurs de la reconnaissance. Il a été fidèle à Fouquet dans la disgrâce, et avant que Mme de la Sablière lui eût donné la sécurité d'un foyer, il avait passé de longs jours dans l'hospitalière demeure de la duchesse de Bouillon, nièce de Mazarin.

Trop épris de son art pour se résigner aux calculs d'argent et aux soucis du ménage, il trouvait dans ces amitiés généreuses une protection contre lui-même.

Son épitaphe, composée par lui, nous dit son dédain de la fortune :

> Jean s'en alla comme il était venu,
> Mangea le fonds avec le revenu,
> Tint les trésors chose peu nécessaire.

On conçoit qu'avec une nature comme la

(1) Églogue I.

sienne et une aversion aussi prononcée pour les chaînes dorées de la richesse, il ait réprouvé l'avarice, qu'il apostrophe en ces termes :

Fureur d'accumuler, monstre de qui les yeux
Regardent comme un point tous les bienfaits des dieux,
Te combattrai-je en vain sans cesse en cet ouvrage?
Quel temps demandes-tu pour suivre mes leçons?
L'homme, sourd à ma voix comme à celle du sage,
Ne dira-t-il jamais : C'est assez, jouissons (1)?

Il nous dépeint le désespoir d'un avare dont on a volé le trésor, qu'un homme sensé lui conseille de remplacer par une pierre. Des mécomptes causés par cette passion si forte et si étrange, il tire cette moralité :

L'avare rarement finit ses jours sans pleurs.
Il a le moins de part au trésor qu'il enserre,
Thésaurisant pour les voleurs,
Pour ses parents ou pour la terre (2).

Ce n'est pas seulement à l'avarice que s'attaque La Fontaine ; c'est à la richesse. Il nous

(1) *Le Loup et le Chasseur,* liv. VIII, 27.
(2) *Le Trésor et les Deux Hommes,* liv. IX, 16.

montre, dans une autre de ses fables, quelles peines sont attachées à sa possession. Un follet invite les habitants du Mogol à former trois souhaits qu'il est en son pouvoir d'accomplir. Ils commencent par demander l'abondance. Elle remplit leurs coffres d'argent, leurs greniers de blé, leurs caves de vin. Jamais on n'avait vu pareille prospérité. Mais avec elle aussitôt les tracas arrivèrent. La conservation de tant de biens imposait des soins pénibles et continuels aux habitants de ce pays fortuné. Les voleurs ne tardent pas à conspirer contre eux ; des grands seigneurs leur empruntent, et le souverain les accable d'impôts ; ces malheureux riches implorent bien vite la médiocrité.

Il restait un troisième souhait à exaucer. Ils demandent la sagesse. Rien ne manquera désormais à leur bonheur (1).

Le financier ne connaît pas cette félicité. Il dort mal sous ses lambris dorés, et il ambi-

(1) *Les Souhaits*, liv. VII, 6.

tionne la belle humeur du savetier dont la chanson le réveille, lorsque, après une nuit sans sommeil, il commence à sentir ses paupières appesanties, aux premières lueurs du jour. Il fait venir l'artisan dans son hôtel somptueux. Entre la richesse triste et la pauvreté joyeuse s'engage le dialogue suivant :

Or çà, sire Grégoire,
Que gagnez-vous par an? — Par an, ma foi, monsieur,
Dit avec un ton de rieur
Le gaillard savetier, ce n'est point ma manière
De compter de la sorte, et je n'entasse guère
Un jour sur l'autre : il suffit qu'à la fin
J'attrape le bout de l'année;
Chaque jour amène son pain (1).

Le savetier était heureux; il avait le pain quotidien. C'en est fait de son bonheur depuis le jour où le financier lui a remis cent écus, une fortune à ses yeux. Il craint pour son trésor; il perd le sommeil, et sa chanson ne réveille plus personne.

(1) *Le Savetier et le Financier*, liv. VIII, 2

Vous avez eu raison, sire Grégoire, d'aller reporter l'argent au Crésus qui vous l'a donné. Son sort ne vaut pas le vôtre. Redevenu pauvre, vous pourrez dormir et chanter, ce que ne peuvent faire la plupart de ces riches qu'on envie, parce qu'on ne les voit qu'à travers le mirage trompeur de leur opulence.

« Un homme fort riche, dit La Bruyère, peut manger des entremets, faire peindre ses lambris et ses alcôves, jouir d'un palais à la campagne et d'un autre à la ville, avoir un grand équipage, mettre un duc dans sa famille et faire de son fils un grand seigneur : cela est juste et de son ressort. Mais il appartient peut-être à d'autres de vivre contents (1). »

On vante le pouvoir de l'argent. Il ne peut procurer ni la santé, ni la jeunesse, ni l'esprit, ni la beauté, c'est-à-dire les choses les plus désirables et les plus désirées.

On parle de son empire; il faudrait surtout

(1) *Les Caractères. Des biens de fortune.*

constater son impuissance. Il ne saurait nous rendre les êtres que nous avons perdus. Il ne console pas ceux qui pleurent. Mais il peut essuyer les larmes du pauvre, en venant à son secours. Stérile par lui-même, il est fécond par la bienfaisance, anobli par la charité.

Le plus bel apanage de la fortune consiste à donner; c'est la plus pure et la meilleure de ses jouissances.

Ce qui augmente les souffrances de la misère, c'est qu'elle croit au bonheur des riches. Elle ne sait pas tout ce qui se cache d'épreuves, de douleurs et parfois de hontes silencieuses dans ces existences si brillantes en apparence, si vides et si désolées pour quiconque en a surpris les secrets et vu les réalités.

Il y a dans l'inégalité des conditions une justice de la Providence qui rétablit l'équilibre, au profit de ceux qu'elle semble le moins favoriser. La vie obscure et laborieuse possède des avantages qui compensent ses difficultés et ses peines. Nous pouvons en croire la chanson du savetier de la Fable. C'est la chanson de la pauvreté confiante dans le travail. Elle est joyeuse, parce qu'elle espère, sans avoir rien à attendre que le salaire de la journée. Elle égaye le champ qu'il faut ensemencer, la chambrette de l'ouvrière dont l'aiguille s'arrête tardivement dans la nuit pour satisfaire aux exigences de celles que le monde convie à ses fêtes, où elles paraissent souvent le sourire sur les lèvres, l'ennui sur le front et le chagrin dans le cœur.

L'ennui! c'est l'hôte de bien des riches. Il s'assied à la table somptueusement servie où prennent place des convives sans appétit. Il monte à cheval, entre au club, le cigare à la bouche, règne dans les conversations qui accusent la futilité des goûts et la pauvreté de l'esprit.

Un des malheurs de l'opulence est d'attirer la servilité. Les riches ont des flatteurs et des complaisants; ils ont rarement des amis. On les exploite de leur vivant; on escompte leur mort. Le luxe qui les environne les isole au milieu de la foule. Ils ne connaissent pas les plaisirs simples dans lesquels il y a plus de vraies jouissances que dans ceux qui se payent au poids de l'or, et où l'on ne goûte d'autres satisfactions que celles de la vanité.

Interrogez ceux qu'on appelle les privilégiés de la fortune. Ils se plaignent tous. Tous excellent à se créer des malheurs imaginaires, quand ils n'en ont pas de réels. Malades d'esprit ou de corps, ils ont les infirmités de l'âme qui les livrent aux autres. On les croit maîtres ; ils sont esclaves. On murmure contre leurs exigences, leur tyrannie ; bien souvent, ils sont leurs propres victimes. Par leurs misères morales, ils sont parfois plus à plaindre que les déshérités de la terre. Ils ont besoin, eux aussi, d'être secourus. Faisons l'aumône aux pauvres riches !

CHAPITRE VI

LES GRANDEURS

La Fontaine n'a été ni le courtisan de la fortune, ni celui des grandeurs ; il n'a courtisé que les bêtes ; il leur a prêté son esprit, et elles forment autour de lui une cour familière où ne règne pas la flatterie qui habite la cour des rois. On y dit la vérité, et les animaux y font aux hommes des leçons de morale.

Le renard a étudié le monde ; il en a fréquenté les personnages et vite aperçu les défauts. Ces titres pompeux, ces dignités, ces élégances, ces belles manières recouvrent bien souvent la nullité de l'esprit et le vide du cœur.

Comment n'être pas séduit par les apparences, trompé par l'éclat extérieur? Nous sommes dupes de ces fausses grandeurs, de ces brillants mensonges.

Les grands pour la plupart sont masques de théâtre;
Leur apparence impose au vulgaire idolâtre.
L'âne n'en sait juger que par ce qu'il en voit;
Le renard, au contraire, à fond les examine,
Les tourne de tout sens; et quand il s'aperçoit
Que leur fait n'est que bonne mine,
Il leur applique un mot qu'un buste de héros
Lui fit dire fort à propos.
C'était un buste creux et plus grand que nature.
Le renard, en louant l'effort de la sculpture :
« Belle tête, dit-il; mais de cervelle point. »
Combien de grands seigneurs sont bustes sur ce point (1)!

Le trait est malicieux; il a visé à la tête et frappé juste. Le fabuliste a rencontré beaucoup de ces belles têtes sans cervelle, coiffées de la perruque Louis XIV. Il en pourrait parler par expérience; mais il met l'épigramme dans la bouche du renard, et le renard est un habile personnage qui ne se brouille pas avec les puissances. L'âne, c'est la foule admirant sans com-

(1) *Le Renard et le Buste,* liv. IV, 14.

prendre. Tout ce qui reluit à ses yeux lui paraît or. Un bel habit, un bel équipage, une belle demeure, une nombreuse livrée, de grands noms, voilà pour le vulgaire des supériorités, des hommes au-dessus des autres, des individus d'une espèce à part auxquels doivent s'adresser les respects, les hommages. Leur force est dans cette opinion, et leur prestige fait leur puissance.

La Bruyère a vu les grands avec les yeux du renard de la fable. Lorsqu'on se récrie contre la sévérité de ses jugements, il faut se souvenir qu'il a songé surtout au monde de la cour. Chargé de l'éducation du petit-fils du grand Condé, son horizon ne s'étendait guère au delà de Chantilly et de Versailles. L'infériorité de sa situation devait le disposer à peu d'indulgence envers ceux que le rang, à défaut de mérite, élevait au-dessus de lui. Il craignait la raillerie, et on ne la lui épargnait guère. Il avait, en outre, à souffrir du caractère d'un maître capricieux, bizarre, emporté, de ce *M. le duc* que

Saint-Simon représente comme le fléau de sa famille et de son intérieur (1). On peut expliquer par là les lignes suivantes, empreintes d'exagération et de mauvaise humeur :

« Un homme du peuple ne saurait faire aucun mal ; un grand ne veut faire aucun bien, et est capable de grands maux : l'un ne se forme et ne s'exerce que dans les choses qui sont utiles ; l'autre y joint les pernicieuses. Là se montrent ingénument la franchise et la grossièreté ; ici se cache une sève maligne et corrompue sous l'écorce de la politesse : le peuple n'a guère d'esprit, et les grands n'ont point d'âme : celui-là a un bon fonds et n'a point de dehors ; ceux-ci n'ont que des dehors et qu'une simple superficie. Faut-il opter? Je ne balance pas, je veux être peuple (2). »

Si La Bruyère avait écrit après la Révolution, s'il avait vécu de nos jours, il n'irait pas, sans

(1) Voir l'étude très complète de M. Étienne Allaire, *La Bruyère dans la maison de Condé*, 2 vol.

(2) *Des Grands*.

doute, jusqu'à affirmer qu'un homme du peuple ne saurait faire aucun mal; mais il voyait les défauts d'une classe alors puissante et enviée, comme nous voyons aujourd'hui ceux de la démocratie. Toute souveraineté dégénère en despotisme. La souveraineté populaire n'a pas plus échappé à cette loi que la souveraineté royale. En devenant le souverain, le peuple a pris les défauts des rois; il a eu ses flatteurs; il est devenu le sujet de ceux qui le mettent au rang des monarques et le servent moins qu'ils ne se servent de lui. Son ignorance, sa faiblesse, sa crédulité l'ont livré à ses courtisans. Ceux-ci ne sollicitent plus les faveurs du prince; ils captent les suffrages des électeurs.

Si La Bruyère est dur pour les grands, sa comparaison est juste, lorsqu'elle oppose les formes d'une politesse trompeuse à la franchise un peu rude du peuple chez lequel l'éducation, les exigences et les conventions mondaines n'ont pas détruit l'amour du vrai et l'habitude de la sincérité. Il reste toutefois dans le portrait de La Bruyère plus d'un trait accusant la sévérité du peintre, plus encore que les défauts de ses modèles. On se rappelle le mot ironique de Montaigne sur la grandeur : « Puisque nous ne la pouvons atteindre, vengeons-nous à en mesdire (1). »

La Fontaine n'a pas ménagé les grands ; il a spirituellement raillé leur insuffisance et leurs travers ; il ne les aime pas plus que La Bruyère ; mais il n'a point eu à en souffrir comme lui. Il a vécu dans leur commerce, sans subir leurs caprices, les recherchant moins qu'il n'était recherché par eux. Les seigneurs chamarrés de titres et de broderies, les cordons bleus, les familiers de Versailles ne l'ont pas ébloui. Il n'a pas été le jouet de la mise en scène, de la pompe des décors servant à masquer l'absence de mérite personnel.

Ces favoris du sort n'excitent ni sa haine, ni

(1) *Essais*, liv. III, chap. VII.

son envie. Il se contente de leur lancer une flèche en passant. Il nous dit, à propos du singe s'en allant chercher fortune à la foire, et dont les drôleries et la malice l'emportent sur le léopard qui étale complaisamment sa fourrure bigarrée :

Ce n'est pas sur l'habit
Que la diversité me plaît ; c'est dans l'esprit :
L'une fournit toujours des choses agréables ;
L'autre en moins d'un moment lasse les regardants.
Oh ! que de grands seigneurs, au léopard semblables,
N'ont que l'habit pour tous talents (1) !

La fable du *Jardinier et son Seigneur* (2) est une leçon adressée à ceux qui attirent les grands chez eux et payent cher leur amitié, leurs services. Pour avoir réclamé l'assistance d'un riche seigneur, le propriétaire du petit enclos visité par un lièvre voit son domaine dévasté.

Les chevaux, la meute, les valets lui causent

(1) *Le Singe et le Léopard,* liv. IX, 3.
(2) Liv. IV, 4.

plus de dégâts et de dépense que l'ennemi dont on est venu le délivrer.

La même morale ressort du voyage proposé par le pot de fer au pot de terre qui a eu l'imprudence de l'accepter, et ne tarde pas à se briser :

> Ne nous associons qu'avecque nos égaux,
> Ou bien il nous faudra craindre
> Le destin d'un de ces pots (1).

L'exemple est frappant; mais la vanité est toujours là qui empêche bien des gens d'en faire leur profit.

De l'inégalité des conditions, La Fontaine a fait le sujet d'un apologue où il nous montre que la plus humble est la plus utile (2). Un marchand, un gentilhomme et un fils de roi sont partis à la découverte d'un nouveau monde. Un naufrage les a jetés dans un pays où il leur faut demander à leur industrie, à leurs talents, le

(1) *Le Pot de terre et le Pot de fer*, liv. V, 2.

(2) *Le Marchand, le Gentilhomme, le Pâtre et le Fils de roi*, liv. X, 16.

moyen de ne pas mourir de faim. Le prince commence par déplorer leur malheur, et c'est le pâtre qui ranime tous les courages, en observant fort sensément qu'il ne s'agit pas de gémir, mais de se tirer d'affaire.

La plainte, ajouta-t-il, guérit-elle son homme?
Travaillons : c'est de quoi nous mener jusqu'à Rome.
Un pâtre ainsi parler! Ainsi parler? Croit-on
Que le ciel n'ait donné qu'aux têtes couronnées
De l'esprit et de la raison,
Et que de tout berger comme de tout mouton
Les connaissances soient bornées?

Les situations mettent ici en évidence les caractères. L'homme accoutumé de bonne heure à lutter contre la vie ne se laisse pas arrêter par les obstacles, par les fatigues et les travaux. Son corps est endurci comme son âme. Tel n'est pas celui qui n'a eu que la peine de naître. Il s'irrite volontiers contre les revers ou se laisse abattre par eux.

Les naufragés ayant approuvé le conseil du berger, chacun d'eux examine la profession à laquelle il se livrera. Le marchand enseignera le calcul, le prince la politique, le gentilhomme le blason.

Le pâtre dit : Amis, vous parlez bien; mais quoi !
Le mois a trente jours; jusqu'à cette échéance
Jeûnerons-nous par votre foi?
Vous me donnez une espérance
Belle, mais éloignée; et cependant j'ai faim.
Qui pourvoira de nous au dîner de demain?
Ou plutôt sur quelle assurance
Fondez-vous, dites-moi, le souper d'aujourd'hui?
Avant tout autre, c'est celui
Dont il s'agit. Votre science
Est courte là-dessus : ma main y suppléera.
A ces mots, le pâtre s'en va
Dans un bois : il y fit des fagots, dont la vente
Pendant cette journée et pendant la suivante
Empêcha qu'un long jeûne à la fin ne fit tant
Qu'ils allassent là-bas exercer leur talent.

Le dernier mot est dit par le travail ; c'est lui qui apporte la solution du problème éternellement posé ici-bas. L'orgueil de la science, l'éclat du rang, les vanités de la naissance sont réduits à s'avouer vaincus par la main rude, par l'être obscur dont le labeur fournit l'aliment nécessaire à la vie. Toutes les grandeurs pèsent moins que le grain de blé, et les puissants auraient bientôt disparu de la terre sans les humbles qui la cultivent. La fable ne fait que rappeler, sous une forme ingénieuse, une grande vérité. Elle a donné avec raison la première place à l'homme des champs, à celui qui nourrit tous les autres, et qui, trouvant en lui les ressources dont étaient dépourvus le marchand, le gentilhomme et le fils de roi, leur apprenait, par son exemple, à triompher de la mauvaise fortune.

CHAPITRE VII

BONHEUR DE LA MÉDIOCRITÉ

Vanter le bonheur de la richesse et des grandeurs serait une erreur démentie par l'expérience. Le placer dans la misère serait un paradoxe. Si le bonheur existe ici-bas, il est dans la médiocrité. Les poètes n'ont fait qu'exprimer une vérité de tous les temps, lorsqu'ils ont célébré la médiocrité « plus précieuse que l'or », *aurea mediocritas* (1).

Horace revient souvent à cette pensée :

« Heureux à qui, d'une main économe,

(1) « Celui qui aime la médiocrité, plus précieuse que l'or, ne cherche pas le repos sous le misérable toit d'une chaumière, et, sobre en ses désirs, fuit les palais que l'on envie. » (HORACE, ode X, liv. II.)

les dieux ont accordé le nécessaire (1)! »

« Le chêne altier est plus souvent battu par l'orage; les hautes tours s'écroulent avec plus de fracas, et c'est la cime des monts que va frapper la foudre (2). »

Voilà en peu de mots le sujet et la morale de la fable que La Fontaine a intitulée : *le Chêne et le Roseau*. Cette fable est présente à toutes les mémoires; on n'en peut citer un vers sans qu'aussitôt les autres jaillissent des lèvres. C'est une des plus éloquentes dans sa brièveté, et rarement La Fontaine a su atteindre un tel bonheur d'expressions, élevant la fable du genre familier au genre noble, à la vraie poésie. Trônes renversés par les tempêtes révolutionnaires, palais détruits en des jours d'orage de la main des hommes qui les avaient édifiés, dynasties précipitées du faîte des grandeurs dans les misères et les douleurs de l'exil, combien de

(1) Bene est cui deus obtulit
Parca, quod satis est, manu.
(Ode LXXXVI, liv. III.)

(2) Ode X, liv. II.

chênes n'avons-nous pas vus foudroyés comme celui de l'apologue! Les vies les plus heureuses paraissent alors celles des humbles. Elles se courbent comme le roseau, et l'aquilon passe sur elles sans les déraciner. C'est une grande supériorité que d'être inconnu et de vivre ignoré. Nous demandons au bruit et à la lumière éclatante le bonheur qui ne se trouve que dans le silence et l'obscurité.

« C'est sortir de l'humanité que de sortir du milieu », dit Pascal. Le mot est juste.

N'être placé ni trop haut, ni trop bas, ne connaître ni les servitudes de la richesse, ni les tourments de la pauvreté, n'appartenir à aucune des extrémités de la condition humaine, « ne pas sortir du milieu », tel est le sort non le plus envié, mais le plus enviable.

Où ne se loge pas l'ambition? Elle hante le cerveau de Perrette qui s'en va vendre son lait à la ville (1). Que de rêves n'a-t-elle pas faits!

(1) *La Laitière et le Pot au lait,* liv. VII, 10.

Que de projets fondés sur le gain qui lui échappe, au moment où elle se livrait à la joie de le voir réalisé! Nous avons tous notre pot au lait, et il tombe avant que nous soyons arrivés au but où nous apercevions le mirage trompeur de nos espoirs et de nos chimères.

Perrette est excusable d'avoir cédé à un mouvement d'ambition, à une illusion qui s'est vite évanouie. Si elle était coupable, elle a été punie. Plus imprudent et plus malheureux a été le berger qui s'est laissé attirer par le roi au milieu des honneurs et des pièges de la cour. Il n'a pas voulu en croire le vieil ermite, lorsqu'il est venu lui dire :

> Veillé-je? et n'est-ce point un songe que je vois?
> Vous favori! vous grand! Défiez-vous des rois;
> Leur faveur est glissante : on s'y trompe, et le pire,
> C'est qu'il en coûte cher : de pareilles erreurs
> Ne produisent jamais que d'illustres malheurs (1).

Cette prédiction s'est accomplie. Le berger,

(1) *Le Berger et le Roi*, liv. X, 10.

devenu tout-puissant, a des ennemis. On a cabalé contre lui, à la cour. On l'a faussement accusé auprès du prince d'avoir acquis d'immenses richesses. Le souverain a voulu juger avant de condamner celui qu'il avait élevé à un si haut rang. Il s'est fait ouvrir un certain coffre mystérieux qui renfermait, lui disait-on, des pierreries. Il n'y a trouvé que l'habit de gardeur de troupeaux, conservé précieusement et que l'ancien pâtre va de nouveau revêtir :

Doux trésors, ce dit-il, chers gages, qui jamais
N'attirâtes sur vous l'envie et le mensonge,
Je vous reprends : sortons de ces riches palais
Comme l'on sortirait d'un songe!

Dans la fable des *Souhaits*, nous avons vu les habitants du Mogol auxquels un follet a permis de former trois souhaits, demander d'abord l'abondance, et, devenus bientôt après victimes de la richesse, s'écrier :

Mère du bon esprit, compagne du repos,
O médiocrité, reviens vite!

Vivre content de peu, voilà le vrai trésor, la source du bonheur toujours demandé aux faux biens qui ne sauraient le donner. Le poète définit très justement la médiocrité en l'appelant « mère du bon esprit, compagne du repos ». La raison, la sagesse, le sens commun, habitent les régions moyennes. On ne les trouve ni dans l'extrême souffrance qu'engendre la misère, ni dans le faste et l'opulence qui embarrassent l'esprit de mille soins, troublent le jugement, traînent à leur suite la présomption et l'orgueil.

La paix de l'âme, le contentement d'esprit n'occupent guère les palais et les demeures magnifiques. Ils vont se loger de préférence chez les petites gens. Les coups de la tempête frappent le chêne à la cime voisine du ciel; ils épargnent l'humble roseau. Des destinées brillantes attirent des malheurs éclatants, et pour trouver le bonheur, il ne faut pas monter, il faut descendre.

La médiocrité ne paraît pas à La Fontaine

un abri assez sûr contre les écueils du monde; il exalte la solitude (1). Elle est, selon lui, le seul moyen d'échapper à la malignité humaine, aux illusions dangereuses, aux erreurs, aux mécomptes d'ici-bas. Il prend pour exemple

> Trois saints également jaloux de leur salut,

un magistrat, un Frère hospitalier et un anachorète. Le premier, malgré ses lumières et son esprit de justice, excite les plaintes de tous les plaideurs. Le second, malgré son dévouement, ne fait que des mécontents et des ingrats. Tous deux vont trouver le solitaire et lui confient leurs peines. Celui-ci leur répond :

> Apprendre à se connaître est le premier des soins
> Qu'impose à tout mortel la majesté suprême.
> Vous êtes-vous connus dans le monde habité?
> L'on ne le peut qu'aux lieux pleins de tranquillité :
> Chercher ailleurs ce bien est une erreur extrême.
> Troublez l'eau : vous y voyez-vous?
> Agitez celle-ci. — Comment nous verrions-nous?

(1) Voir les beaux vers cités plus haut, p. 56.

La vase est un épais nuage
Qu'aux effets du cristal nous venons d'opposer. —
Mes frères, dit le saint, laissez-la reposer.
Vous verrez alors votre image.
Pour vous mieux contempler demeurez au désert (1).

Il faut vivre en ermite. C'est la moralité de la dernière fable de La Fontaine (2). Il convient de remarquer que le poète touchait alors au terme de sa carrière. Les graves pensées de la vieillesse et de la mort avaient agi sur son esprit. Ce n'était plus l'auteur licencieux des *Contes*. Il avait fait amende honorable, et, non content de pratiquer les exercices de la haute piété, il portait un cilice. Nous sommes donc ici en présence d'un La Fontaine converti. Le « bonhomme » est devenu un saint homme. Le voilà maintenant qui veut faire de nous des anachorètes. Cette morale ne sera peut-être pas du goût de tous ses lecteurs. On ne contestera pas du moins la sagesse de ses avis quand il nous

(1) *Le Juge arbitre, l'Hospitalier et le Solitaire*, liv. XII, 27.

(2) Elle termine le XIIe et dernier livre de ses fables, publié en 1694, un an avant sa mort.

exhorte à nous contenter de ce que nous avons, ce que ne fit pas le héron.

> Ne soyons pas si difficiles;
> Les plus accommodants, ce sont les plus habiles;
> On hasarde de perdre en voulant tout gagner.
> Gardez-vous de rien dédaigner,
> Surtout si vous avez à peu près votre compte (1).

Ceci nous ramène à la médiocrité. Nous l'admirons dans les livres. Lui rendons-nous justice dans la vie réelle? Nous ne lui refusons pas l'estime qui lui est due; mais nous la traitons un peu comme une personne dont l'humble costume n'est pas digne d'attirer les regards et de fixer l'attention. Nous avons tort. On élève des temples à la Fortune. La médiocrité seule mériterait des autels. Elle n'a point en partage de grandes joies; mais elle est plus que la richesse à l'abri des grandes douleurs.

Tout est modéré dans ses peines comme dans ses jouissances. Son bonheur est tranquille

(1) Liv. VII, 4.

et sûr, parce qu'il se compose de petites choses. Elle peut fixer son séjour à la ville; mais je me la représente plus volontiers aux champs, dans le village où les maisons sont peu élevées comme la condition de leurs habitants. Des fleurs décorent l'entrée du logis, et un jardin l'entoure, assez grand pour fournir de fruits et de légumes. L'hiver, le feu brille dans le foyer autour duquel se presse la famille, gardant la foi et la simplicité de ses pères. Le modique patrimoine a été acquis par le travail; il est conservé par la prévoyance, l'ordre et l'économie.

Un tel sort n'est pas brillant; mais combien il est préférable aux grandeurs, aux richesses payées par les soucis et les pleurs!

Si vous cherchez le bonheur, vous le rencontrerez peut-être dans une de ces modestes demeures. Il y est entré avec la médiocrité; il y reste avec elle. Puissent la fortune et l'ambition ne l'en pas faire sortir!

CHAPITRE VIII

LA VANITÉ

Se croire un personnage est fort commun en France :
On y fait l'homme d'importance,
Et l'on n'est souvent qu'un bourgeois.
C'est proprement le mal françois... (1).

Voilà le défaut dont La Fontaine accuse notre pays, défaut dont il ne paraît pas corrigé aujourd'hui. C'est un de ceux de notre race, et le fabuliste, après l'avoir signalé, ajoute aussitôt :

La sotte vanité nous est particulière.
Les Espagnols sont vains, mais d'une autre manière :
Leur orgueil me semble, en un mot,
Beaucoup plus fou, mais pas si sot.

La vanité diffère, en effet, de l'orgueil. Si

(1) *Le Rat et l'Éléphant,* liv. VIII, 15.

l'orgueil rend aveugle, en donnant de soi une opinion exagérée, il peut pousser à faire de grandes choses, tandis que la vanité, facilement puérile, nous rapetisse au lieu de nous élever. Elle expose au ridicule dans lequel est tombé le rat qui raille l'éléphant et se croit son égal. Le chat n'a qu'à sortir de sa cage pour lui démontrer son erreur.

Le corbeau s'aperçoit de la sienne lorsque, voulant enlever un mouton, à l'exemple de l'aigle, il se prend dans sa toison et devient la proie du berger, qui le donne à ses enfants pour leur servir de jouet (1).

L'éléphant, dont s'était moqué le rat, n'est pas moins vaniteux. Ayant avec le rhinocéros une querelle de préséance, il s'imagine que l'Olympe a les yeux fixés sur lui. Il faut, pour le détromper, que le singe de Jupiter vienne lui dire combien, dans l'Empyrée, l'on s'occupe peu de son affaire :

(1) *Le Corbeau voulant imiter l'Aigle*, liv. II, 16.

On n'en dit rien encor dans le conseil des dieux :
Les petits et les grands sont égaux à leurs yeux (1).

L'*Ane portant des reliques* (2) est dupe des mêmes illusions, il se croit l'objet d'un culte. Il est, de sa nature, si entêté qu'il n'est pas bien sûr qu'il se soit rendu à l'évidence quand on lui a dit très franchement :

Maître baudet, ôtez-vous de l'esprit
Une vanité si folle.
Ce n'est pas vous, c'est l'idole
A qui cet honneur se rend
Et que la gloire en est due.

Cette vanité-là est de l'espèce de la vanité nobiliaire. La Fontaine lui consacre une fable, celle du *Mulet se vantant de sa généalogie* (3). C'est un mulet entiché de ses quartiers de noblesse; sa mère, la jument, est célèbre par son origine et par ses prouesses. Il en parle sans cesse et oublie que son père n'est qu'un

(1) *L'Éléphant et le Singe de Jupiter*, liv. XII, 21.
(2) Liv. V, 14.
(3) Liv. VI, 7.

âne. Il est forcé de s'en souvenir lorsque, devenu vieux, il est obligé de servir non plus un prélat, mais un meunier.

Si la noblesse est un avantage, elle n'est pas un mérite. Elle constitue une supériorité sociale; mais elle ne rend l'homme supérieur que lorsqu'il y joint l'élévation morale, et s'efforce d'accroître le patrimoine de gloire et d'honneur par les services personnels rendus au pays et à la société. Ceux qui ne se souviennent de leurs aïeux que pour en tirer vanité sont de la famille du mulet de la fable. Ils ne s'aperçoivent pas que si on respecte leur nom, ces hommages s'adressent non à leurs personnes, mais aux souvenirs qu'ils rappellent, aux reliques qu'ils portent sur le dos.

Les poètes satiriques n'ont pas épargné ce travers, aussi fréquent dans l'antiquité que de nos jours, car il est inhérent à la nature humaine, au besoin de s'élever au-dessus des autres et d'en exiger les honneurs auxquels nous ne pouvons pas toujours prétendre par nous-mêmes; mais ils censurent moins la noblesse que la vanité qui en est la contrefaçon. Juvénal ne fait qu'énoncer une vérité de tous les temps, lorsqu'il refuse de s'incliner devant la noblesse du sang qui n'est pas unie à celle du cœur. Personne ne lui contestera le droit d'apostropher en ces termes les nobles vaniteux et dégénérés :

« Que sert d'étaler les portraits de ses aïeux, les Émiliens debout sur leurs chars, les Curius déjà mutilés, un Corvinus sans épaules et un Galba sans nez et sans oreilles? Que sert de déployer en de vastes tableaux enfumés des maîtres de cavalerie, des dictateurs dont on est le descendant, si l'on vit sans honneur? A quoi bon les images de tant d'illustres guerriers, si l'on passe la nuit au jeu, si l'on ne songe à dormir qu'au lever de l'aurore, quand ces héros, les aigles en tête, marchaient à l'ennemi (1)? »

Il se sert d'une comparaison familière pour

(1) Liv. IV, 9.

rabaisser celui qui s'enorgueillit des grandeurs de sa race :

« Dis-moi, descendant d'Énée, parmi les animaux, quel autre est réputé noble, si ce n'est le plus vigoureux? Nous faisons cas de l'agile coursier qui, toujours et sans effort, remporte le prix et fait retentir le cirque des acclamations de la victoire. Il est noble, de quelque pâturage qu'il vienne, celui qui, devançant au loin ses rivaux, superbe, fait voler sur l'arène le premier tourbillon de poussière. Mais on vend au marché, comme un vil troupeau, la postérité de Corythe et d'Hirpin, si la victoire s'assied rarement sur le timon de son char. Là, plus de respect pour les aïeux, plus d'égards pour les ombres illustres. L'animal est livré à vil prix à un nouveau maître; et, le cou décharné, il s'en va traîner, à pas lourds, le tombereau (1). »

Boileau, dans sa satire sur la noblesse, s'est

(1) *Les Nobles,* sat. VIII.

emparé de la même idée qu'il a traduite ainsi :

On fait cas d'un coursier qui, fier et plein de cœur,
Fait paraître en courant sa bouillante vigueur,
Qui jamais ne se lasse, et qui dans la carrière
S'est couvert mille fois d'une noble poussière.
Mais la postérité d'Alfane et de Bayard,
Quand ce n'est qu'une rosse, est vendue au hasard,
Sans respect des aïeux dont elle est descendue,
Et va porter la malle ou tirer la charrue.

Traitant le même sujet que Juvénal, il emploie à peu près les mêmes arguments. Ils ne peuvent guère varier, et, au fond, toutes les critiques qu'on fera sur la noblesse ne sauraient détruire son principe et son but, très louables et très légitimes, puisqu'elle doit être le prix de la valeur, la récompense des services. Le blâme n'est juste qu'à la condition de viser la vanité nobiliaire qui dénature une institution utile, et fait d'une tradition respectable un ridicule et un travers.

La satire de Boileau ne manquait pas de hardiesse, à une époque où la noblesse gardait son prestige et brillait à la cour qu'elle peuplait des familles les plus anciennes et les plus illustres.

Ce serait une erreur de considérer la noblesse sous l'ancien régime comme une classe fermée, une caste inaccessible. Quatre mille charges vénales anoblissaient; il était donc loisible à tout roturier bien payant d'entrer dans l'ordre privilégié. La noblesse n'était plus à conquérir; elle était à vendre. La première condition pour s'anoblir consistait à avoir de l'argent et à s'acheter une charge, au moyen de laquelle on transmettait la noblesse à sa descendance.

La Bruyère n'exagérait rien lorsqu'il écrivait malicieusement : « Il y a des gens qui se couchent roturiers et qui se lèvent nobles (1). »

« Au moyen de la facilité qu'on a d'acquérir la noblesse, disait, moins d'un siècle plus tard, d'Argenson, il n'est aucun homme riche qui, sur-le-champ, ne devienne noble (2). »

(1) *Les Caractères : De quelques usages.*
(2) *Mémoires,* t. III, p. 402.

La noblesse ne possédait plus le pouvoir politique. La Révolution, en brûlant ses châteaux, n'a pas même eu la peine de la dépouiller d'une autorité qu'elle avait perdue depuis longtemps et qu'elle ne songeait pas à reconquérir. D'où vient qu'elle était si convoitée? Elle ne conférait plus, il est vrai, les réalités du pouvoir ; mais elle régnait par l'éclat des honneurs dont elle continuait d'être environnée et qui lui faisaient illusion. Elle donnait des jouissances d'amour-propre, et ce sont les plus sensibles dans un pays si violemment épris de cette vanité que La Fontaine appelle « le mal françois ».

La noblesse avait beau s'acquérir à prix d'argent et ouvrir ses rangs à tous ceux que leur fortune y faisait entrer, elle n'en était pas moins jalousée. Cette facilité même, en surexcitant les vanités, ne satisfaisait pas les ambitions. Les luttes de préséance, les différences d'origine établissaient des séparations au sein de la noblesse et ravivaient les blessures.

« Les gens d'esprit et les gens riches, a dit Rivarol, trouvaient la noblesse insupportable, et la plupart la trouvaient si insupportable qu'ils finissaient par l'acheter. »

Ils ne l'achetaient pas toujours et tâchaient parfois de s'en donner les apparences. Des hommes que la Révolution rendit fameux n'avaient pas dédaigné, sous l'ancien régime, les distinctions qu'ils proscrivirent chez les autres. Danton signait alors d'Anton. Brissot se faisait appeler de Warwille, du nom du petit village où il était né. Roland se décorait du nom de la Platière, et Fabre joignait au sien celui d'Églantine.

Dans presque toutes nos révolutions, on retrouverait, parmi les causes qui les ont fait éclater, le sentiment de l'envie et de la vanité. La simplicité du costume imposé au tiers état dans la réunion des États généraux en 1789, pour le distinguer de la noblesse, les signes extérieurs et les formules destinés à rappeler son infériorité, aigrirent ses dispositions et augmentèrent son animosité.

Des blessures d'amour-propre, reçues sous l'ancien régime, contribuèrent aux opinions qu'adopta Mme Roland. Quand la Révolution fut finie, il se produisit, en sens inverse, des métamorphoses où apparaissait la vanité satisfaite. Bon nombre d'anciens jacobins et de terroristes furent les dignitaires, les serviteurs, les courtisans de l'Empire. Quelques-uns parmi eux devinrent ducs et princes. La carmagnole fut remplacée par le manteau ducal, et les titres flattèrent l'oreille de ceux qui, au nom de l'égalité, avaient voulu rendre le tutoiement obligatoire.

La vanité de l'argent est la plus insupportable de toutes. Elle ne s'appuie sur aucun sentiment élevé. La supériorité qu'elle invoque n'honore ni ceux qui s'en prévalent, ni ceux qui l'acceptent. La richesse a toujours eu plus de courtisans que la noblesse, et son culte a quelque chose d'humiliant pour ceux qu'il soumet, non plus aux hasards de la naissance, mais aux caprices de l'aveugle fortune.

La Fontaine, si sévère aux grands, et qui a raillé dans l'*Ane portant des reliques* la vanité nobiliaire, a représenté dans l'*Avantage de la science* (1) la morgue et la suffisance d'un riche bourgeois, plein de dédain pour le mérite pauvre. Son langage décèle l'homme bouffi de sottise et fier de ses écus :

> Mon ami, disait-il souvent
> Au savant,
> Vous vous croyez considérable;
> Mais, dites-moi, tenez-vous table?
> Que sert à vos pareils de lire incessamment?
> Ils sont toujours logés à la troisième chambre.
> Vêtus au mois de juin comme au mois de décembre.
> La république a bien affaire
> De gens qui ne dépensent rien!
> Je ne sais d'homme nécessaire
> Que celui dont le luxe épand beaucoup de bien.
> Nous en usons, Dieu sait! Notre plaisir occupe
> L'artisan, le vendeur, celui qui fait la jupe
> Et celle qui la porte, et vous, qui dédiez
> A messieurs les gens de finance
> De méchants livres bien payés.

(1) Liv. VIII, 19.

Est-il possible de pousser plus loin l'insolence? Ce riche n'épargne rien pour humilier le savant; il lui rappelle la pauvreté de son logement, celle de ses habits; puis il leur oppose, avec une satisfaction de parvenu, son luxe, le nombre de ses laquais, celui de ses fournisseurs, et, par un comble de grossièreté, il traite à l'égal des tailleurs les gens de lettres qui reçoivent le salaire de leurs livres au même titre qu'on paye le prix d'une jupe. Je ne sais s'il y a jamais eu beaucoup de riches ou plutôt d'enrichis capables d'étaler avec tant de cynisme un petit esprit et un mauvais cœur. Je soupçonne le bourgeois de La Fontaine d'avoir fréquenté les Juifs à une époque où ils n'occupaient pas encore une place prépondérante dans la société.

Le savant a tant à répondre qu'il ne répond rien. Mais il est vengé par les événements. La guerre détruit la ville et ruine le bourgeois insolent que personne n'accueille, et qui se logera comme il pourra, peut-être au troisième étage, naguère si dédaigné par lui. L'homme de lettres, au contraire, trouve partout des protecteurs et des amis.

Nous venons de voir la vanité de l'argent, punie comme elle le mérite. Il reste encore d'autres vanités ; les espèces sont nombreuses. Il y a, par exemple, les vanités qui tiennent à nos prétentions. Telle est celle du geai qui s'est paré des plumes du paon. Il est fier de son habit d'emprunt ; mais sa parure n'en impose nullement aux paons dont il a pris le plumage, et qui le couvrent de huées.

Pourquoi le corbeau, perché sur un arbre, a-t-il laissé tomber le fromage convoité par le renard (1)? Parce qu'il a cédé à un mouvement de vanité, au désir de chanter et de prouver qu'il possède une jolie voix. Le renard le savait bien. Il n'ignore pas, le perfide, que nous aimons qu'on loue en nous les qualités et les avantages dont nous sommes dépourvus. Il a

(1) *Le Corbeau et le Renard*, liv. I, 2.

commencé par complimenter le corbeau sur son plumage si triste et si sombre. Son chant consiste dans un cri affreux ; il a eu l'air de croire que c'était le plus délicieux ramage, et il a prié le corbeau de s'exécuter comme un rossignol. La leçon a coûté un fromage. Elle coûte souvent plus cher encore. Bien des corbeaux ont été pris et se laisseront reprendre.

Voulons-nous maintenant assister au défilé de toutes les vanités chez les êtres les plus différents? La Fontaine va les faire passer sous nos yeux, ou plutôt sous les yeux de Jupiter qui a convoqué les bêtes et les hommes, afin d'écouter leurs doléances. Le singe, interrogé le premier, est très satisfait de sa personne :

N'ai-je pas quatre pieds aussi bien que les autres?
Mon portrait jusqu'ici ne m'a rien reproché.

Il critique l'ours ; mais celui-ci s'admire et se moque de l'éléphant, dont la raillerie s'exerce aux dépens de la baleine, qu'il trouve trop grosse. La fourmi, à son tour, trouve le ciron trop petit, se croyant d'une taille colossale. Jupiter les renvoie tous contents d'eux. Mais parmi les plus fous, ajoute comme conclusion le fabuliste,

Notre espèce excella, car tous tant que nous sommes,
Lynx envers nos pareils et taupes envers nous,
Nous nous pardonnons tout et rien aux autres hommes.
On se voit d'un autre œil qu'on ne voit son prochain.
Le fabricateur souverain
Nous créa besaciers tous de même manière,
Tant ceux du temps passé que du temps d'aujourd'hui :
Il fit pour nos défauts la poche de derrière,
Et celle de devant pour les défauts d'autrui (1).

Tel est l'effet de l'amour-propre, de la vanité qui nous aveuglent et nous cachent les réalités. Plus nous sommes contents de nous, moins nous disposons les autres en notre faveur. La vanité irrite ; le moindre mal qu'elle puisse nous causer, c'est de faire rire à nos dépens. La Fontaine a eu raison de lui déclarer la guerre ; mais si elle a reçu de sa main plus d'une bles-

(1) *La Besace*, liv. I, 7.

sure, elle est encore bien vivante et bien portante.

Notre temps n'a pas échappé au « mal françois ». Il en semble même plus atteint qu'aucune des époques qui l'ont précédé. On a beaucoup dénigré les raisins verts (1); mais on a fini par y goûter et par cueillir la grappe tout entière. On parle fort d'égalité; c'est un moyen de faire descendre les autres et de monter soi-même un peu plus haut.

Tout bourgeois veut bâtir comme les grands seigneurs.
Tout petit prince a des ambassadeurs;
Tout marquis veut avoir des pages (2).

Combien ne voyons-nous pas de personnages s'enfler comme la grenouille pour rivaliser de luxe et d'importance avec de plus riches et de plus puissants! Combien de gens crèvent de dépit d'être effacés par le grand nom de celui-ci, dominés par le grand train de celui-là! Dans

(1) *Le Renard et les Raisins*, liv. III, 11.

(2) *La Grenouille qui veut se faire aussi grosse que le Bœuf*, liv. I, 3.

cette lutte des ambitions et des amours-propres, c'est à qui pourra en grosseur devenir l'égal du bœuf.

« Ce qui nous rend la vanité des autres insupportable, dit La Rochefoucauld, c'est qu'elle blesse la nôtre. »

Nous avons chacun la nôtre, en effet, mais nous ne la voyons pas ; elle est dans la « poche de derrière ». Voilà pourquoi nous sourions si facilement d'un travers que nous avons tous, plus ou moins, sans nous en apercevoir. Nous permettons beaucoup sur ce sujet au fabuliste, au satirique, au moraliste. Ils peuvent tout dire et tout oser ; ils nous présentent un miroir dans lequel nous ne reconnaissons pas notre image.

CHAPITRE IX

L'INGRATITUDE

On se plaint souvent de l'ingratitude. Qui pourrait la nier? Elle existe comme beaucoup d'autres mauvais sentiments, on a trop d'occasions de le constater. Mais elle ne doit pas nous dispenser de faire le bien, car la reconnaissance existe aussi.

J'y crois, dussé-je provoquer un sourire d'incrédulité chez quelque misanthrope. J'y crois, parce que j'en ai eu des preuves et qu'elle m'est apparue plus d'une fois, sous sa forme la plus ordinaire, la plus naturelle et aussi la plus touchante : dans les petites choses.

Si celui que vous avez servi, protégé, peut vous sauver quand vous allez périr, il est certain qu'il le fera, à moins d'être un monstre.

Mais de pareilles circonstances sont rares, et heureusement la reconnaissance, pour se manifester, a d'autres moyens de donner le témoignage qu'on aime à en recevoir. Ces moyens, elle les trouve dans les prétextes en apparence les plus futiles. C'est parfois un don sans importance, rendu précieux par l'humilité de la condition, valant non par ce qu'il montre, mais par ce qu'il cache. C'est aussi un souvenir rappelé à propos, et dont l'expression, pour être naïve, n'en va que mieux au cœur.

La reconnaissance a ainsi ses délicatesses chez les pauvres gens, chez les petites gens. Elle mérite d'être louée à l'égal du bienfait qui l'a fait naître. Les simples fleurs des champs ont une éloquence et un parfum avec lesquels ne sauraient rivaliser les fleurs rares venues des pays lointains, et dont l'opulence fait composer les fastueux bouquets offerts à des amitiés banales.

La Fontaine, qui a si vivement senti le prix

des affections à l'ombre desquelles se sont écoulés ses jours, a exalté la reconnaissance, et plus il en a été pénétré, plus il a eu, par une conséquence naturelle, l'ingratitude en horreur. Il en a fait le thème de plusieurs de ses fables.

Le bûcheron, employant sa cognée contre les arbres qui lui ont fourni le manche qu'il avait perdu, est l'image des ingrats.

Voilà le train du monde et de ses sectateurs.
On s'y sert du bienfait contre les bienfaiteurs (1).

Le cerf, qui broute la vigne sous laquelle il a trouvé une protection contre la poursuite des chasseurs, est un autre exemple d'ingratitude. Il est découvert par le bruit qu'il a fait en se repaissant du feuillage, et périt en s'accusant d'avoir mérité son sort (2).

Le serpent veut piquer le villageois qui, l'ayant trouvé transi de froid, l'a emporté chez

(1) *La Forêt et le Bûcheron*, liv. XII, 16.
(2) *Le Cerf et la Vigne*, liv. V, 15.

lui et l'a réchauffé à la flamme bienfaisante de son foyer. Aussi a-t-il eu la tête tranchée par son bienfaiteur, et c'est justice.

Il est bon d'être charitable,
Mais envers qui? C'est là le point.
Quant aux ingrats, il n'en est point
Qui ne meure enfin misérable (1).

La fourmi n'a pas été ingrate envers la colombe. Celle-ci, la voyant menacée de périr dans la rivière, lui avait jeté un brin d'herbe, devenu pour elle l'instrument de son salut. Au moment où la colombe, à son tour, va recevoir une flèche mortelle, la fourmi pique le tireur au talon et donne ainsi à sa protectrice le temps de s'enfuir à tire-d'aile (2).

Le rat a été reconnaissant, lui aussi, envers le lion qui avait épargné sa vie; il l'a délivré, en rongeant les mailles du filet d'où ses rugissements n'auraient pu le faire sortir (3).

(1) *Le Villageois et le Serpent,* liv. VI, 12.
(2) *La Colombe et la Fourmi,* liv. II, 12.
(3) *Le Lion et le Rat,* liv. II, 11.

J'ai déjà cité la fable intitulée *la Couleuvre et l'Homme*, véritable acte d'accusation dressé par les animaux contre l'ingratitude humaine. L'homme est jugé plus ingrat que la couleuvre à laquelle il va donner la mort; celle-ci se donne la satisfaction, comme suprême vengeance, de lui dire qu'il vaut moins qu'elle, et le lui fait dire successivement par la vache, par le bœuf et par l'arbre. L'homme se venge à son tour en tuant celle qui a osé lui faire entendre d'aussi dures vérités. Il a la raison du plus fort; mais les animaux qui l'ont déclaré coupable sont suspects de partialité; ils ont à souffrir de lui, puisqu'ils sont dans sa dépendance, et pour rendre des arrêts, il ne faudrait pas être juge et partie.

Volontiers nous faisons le procès de l'ingratitude. Ne mériterions-nous pas quelquefois le reproche que nous adressons à autrui? Nous sommes ingrats envers ceux qui nous ont donné l'existence, dont les sollicitudes ont veillé sur notre berceau, guidé nos premiers pas et averti notre jeunesse entraînée vers les écueils. Nous avons méconnu tout ce que nous leur devions, ou si la reconnaissance a existé au fond de notre cœur, nous n'avons pas su la faire monter de notre cœur à nos lèvres.

L'Histoire est pleine de traits d'ingratitude. L'Évangile nous en offre un frappant dans les dix lépreux, venus à la rencontre de Notre-Seigneur qui leur donna la promesse qu'ils seraient bientôt guéris. L'un d'eux, le Samaritain, s'étant aperçu en route de sa guérison, retourna sur ses pas pour se jeter aux pieds de Jésus, le visage contre terre, en action de grâces. « Tous les dix n'ont-ils pas été guéris? demande Jésus. Où sont les neuf autres? Il ne s'en est point trouvé qui soit revenu et qui ait rendu gloire à Dieu, excepté cet étranger. »

Sur les dix lépreux qui furent l'objet d'un miracle, il y eut neuf ingrats.

Pour prix de la découverte d'un nouveau monde, Christophe Colomb a été calomnié auprès du roi d'Espagne, qui n'a pas défendu le grand homme innocent et malheureux; il a été chargé de fers ; il est mort accablé d'injustices, consumé de chagrin.

Charles VII a été ingrat envers l'héroïque bergère qui chassa l'ennemi de son royaume, sans laquelle il n'était plus que le « roi de Bourges » . Il n'a rien fait pour sauver la libératrice de la France, livrée à la flamme du bûcher sur lequel a fini sa glorieuse existence.

Si Christophe Colomb et Jeanne d'Arc accusent l'ingratitude des rois, Louis XVI est un exemple mémorable de l'ingratitude des peuples. Le prince qui a le plus aimé ses sujets, qui a le plus fait pour la cause populaire, a souffert la captivité et porté sa tête sur l'échafaud.

Cinna est au nombre des ingrats fameux. Qui ne se rappelle les vers que Corneille a placés dans la bouche d'Auguste, énumérant les bienfaits dont il a comblé celui dans lequel il découvre un traître et un conspirateur ?

Tu t'en souviens, Cinna, tant d'heur et tant de gloire
Ne peuvent pas sitôt sortir de ta mémoire ;

Mais ce qu'on ne pourrait jamais s'imaginer,
Cinna, tu t'en souviens et veux m'assassiner!

Biron conspira contre Henri IV, son bienfaiteur et son ami, qui l'avait comblé de faveurs et lui avait sauvé la vie. « Jamais, disait de lui le bon roi Henri, je n'ay tant aimé personne comme je l'ay aimé; je lui eusse fié mon fils et mon royaulme. Il m'a bien servy, mais il ne peut dire que je ne luy aye sauvé la vie trois fois. Je le tiray des mains de l'ennemi à Fontaine-Française, si blessé et si étourdi de coups que comme j'avois fait le soldat pour le sauver, je fis encores le mareschal pour la retraite, car il me dict qu'il n'estoit pas en estat d'y penser, ny de me servir (1). »

Un fol orgueil, une ambition effrénée étouffèrent dans le cœur du sujet rebelle les sentiments de la nature. Biron n'était pas satisfait des honneurs qui avaient récompensé ses services. Il aspirait à une souveraineté. « Être

(1) Sully, *OEconomies royales*, t. I, chap. XXXI, p. 82.

César ou rien du tout, disait-il; je ne mourrai pas que je n'aie vu ma tête sur un quart d'écu. »

Sa tête ne figura pas sur des pièces de monnaie; elle roula sur l'échafaud, et ce fut justice. Aux efforts de Henri IV pour le sauver malgré lui, il répondit par l'attitude la plus insolente et les propos les plus insultants. La clémence royale échoua contre son obstination et son ingratitude. Le Roi dut faire taire l'ami, et aux tentatives de sa famille pour obtenir sa grâce, il répondit : « La clémence dont vous voulez que j'use envers lui ne serait pas miséricorde, mais cruauté. S'il n'y allait que de mon intérêt particulier, je lui pardonnerais, comme je lui pardonne de bon cœur. Mais il y va de mon État envers lequel j'ai de graves devoirs, de mes enfants que j'ai mis au monde, et qui tiennent une si grande place dans l'État. Ils pourraient me reprocher, et tout mon royaume avec eux, que j'aie laissé un mal que je connaissais, si je venais à défaillir. Il y va de ma vie, de celle de mes enfants, de la conservation de mon royaume. Je laisserai donc faire le cours de la justice... J'ai plus de regret à la faute du sieur de Biron que vous-même; mais ayant entrepris contre son bienfaiteur, cela ne peut se supporter (1). »

La Force, beau-frère du coupable, adressait à sa femme ces lignes qui achèvent la condamnation du maréchal : « Je ne puis vous taire que j'ai vu les choses les plus étranges des malheureux desseins de M. de Biron qui se puissent dire, et c'est un vrai jugement de Dieu que ce que nous voyons à présent. Son insatiable ambition l'avait porté à de si horribles projets que le discours en est monstrueux (2). »

L'ingratitude habite les palais et règne à la cour où l'on sollicite les faveurs du prince. Louis XIV disait que lorsqu'il nommait à un

(1) POIRSON, *Histoire du règne de Henri IV*, t. II, p. 617.

(2) Lettre du 4 juillet 1602. *Correspondance*, t. I, p. 330, à la suite des *Mémoires*, publiés par le marquis DE LA GRANGE, in-8°, 1843.

emploi, il faisait quatre-vingt-dix-neuf mécontents et un ingrat.

De tous les sentiments odieux, il n'en est pas dont l'humanité ait plus à rougir que de l'ingratitude, qui mérite d'avoir le serpent pour emblème. Il y a en elle quelque chose de lâche et de rampant comme ce reptile se glissant traîtreusement pour faire du mal à celui dont il a reçu du bien.

La reconnaissance, au contraire, a sa noblesse, sa beauté morale. Elle a aussi sa douceur. S'il est doux de la mériter, il n'est pas moins doux de la sentir et de la témoigner.

Soyons reconnaissants d'une pensée délicate, d'un service rendu, d'un bon procédé, de tout ce qui crée un lien d'estime et d'affection entre les hommes. Soyons reconnaissants envers la reconnaissance même, car elle vaut plus encore que ce que nous avons pu faire pour adoucir une souffrance ou pour essuyer une larme.

La gratitude ne doit pas se borner à la créature; elle doit monter plus haut et nous élever jusqu'à Dieu. Les grands spectacles de la nature que nous avons sous les yeux sont des sujets d'actions de grâces envers l'auteur de toutes choses. L'imposante beauté des montagnes, la majesté de l'Océan, l'aspect d'une riche campagne, une forêt, une prairie, le charme d'un paysage sont autant de bienfaits accordés à l'homme, possesseur de l'œuvre divine, et le plus bel hymne qui puisse être adressé par l'humanité reconnaissante à la Souveraine Bonté.

CHAPITRE X

LE MARIAGE

Il ne faut pas s'attendre à trouver dans La Fontaine l'éloge du mariage. Par ce que nous savons de sa vie, nous connaissons sur ce point sa doctrine, sa morale. L'auteur des *Contes* l'a exposée lui-même dans ces vers :

> Le nœud d'hymen veut être respecté,
> Veut de la foi, veut de l'honnêteté.
> Si par malheur quelque atteinte un peu forte
> Le fait clocher d'un ou d'autre côté,
> Comportez-vous de manière et de sorte
> Que ce secret ne soit point éventé.
> Gardez de faire aux égards banqueroute;
> Mentir alors est digne de pardon.
> Je donne ici de beaux conseils, sans doute :
> Les ai-je pris pour moi-même? Hélas! non (1).

(1) *Les Aveux indiscrets.*

L'homme fait ici sa confession par la voix du poète. Ce n'est pas à lui que nous demanderons de célébrer les vertus domestiques. Il a failli aux devoirs qui nous enchaînent au foyer. Aussi n'a-t-il pas goûté les saintes joies de la famille. Quoiqu'il rende toutes sortes d'hommages au beau sexe et subisse volontiers son empire, il a raillé les femmes dans deux fables d'un tour satirique, et qui ne sont pas ses moins bonnes. Dans la *Femme noyée* (1), il nous montre un mari à la recherche du cadavre de sa moitié qui avait fini ses jours dans la rivière. Il demande aux promeneurs s'ils n'en ont pas aperçu quelque trace.

Nulle, reprit l'un d'eux; mais cherchez-la plus bas;
Suivez le fil de la rivière.
Un autre repartit : Non, ne la cherchez pas;
Rebroussez plutôt en arrière :
Quelle que soit la pente et l'inclination
Dont l'eau par sa course l'emporte,
L'esprit de contradiction
L'aura fait flotter d'autre sorte.

(1) Liv. IV, 16.

Le fabuliste ne s'en tient pas à cette épigramme. Il y ajoute son mot et l'aggrave par ce commentaire :

Cet homme se raillait assez hors de saison.
Quant à l'humeur contredisante,
Je ne sais s'il avait raison ;
Mais que cette humeur soit ou non
Le défaut du sexe et sa pente,
Quiconque avec elle naîtra,
Sans faute avec elle mourra,
Et jusqu'au bout contredira,
Et s'il peut, encor par delà.

L'indiscrétion féminine est malicieusement caractérisée par la femme que son mari met à l'épreuve, en feignant d'avoir pondu un œuf et en lui recommandant un secret qui n'est gardé ni par elle, ni par les voisines auxquelles en a été faite la confidence (1).

Voilà déjà deux défauts reprochés à la plus belle moitié du genre humain : elle aime à contredire, et elle ne sait pas retenir sa langue. Mais

(1) *Les Femmes et le Secret,* liv. VIII, 6.

c'est un autre motif qui empêche l'*Homme entre deux âges* (1) de prendre femme et de choisir entre deux veuves dont l'une, la vieille, lui a ôté en riant ce qui lui restait de cheveux noirs, tandis que l'autre, encore jeune, a eu soin de lui enlever ce qu'il avait de cheveux blancs. Notre homme devenu chauve, grâce à cette double opération, finit par congédier les deux femmes :

Celle que je prendrais voudrait qu'à sa façon
Je vécusse, et non à la mienne.

Il ne se mariera pas. Concluons de cette fable, non pas qu'on doit renoncer au mariage, mais qu'en y songeant trop tard, on s'expose à de mauvais choix. L'homme entre deux âges a compris la faute qu'il allait commettre, et les deux femmes lui ont ouvert les yeux en voulant, l'une le vieillir, l'autre le rajeunir.

La Fontaine pensait sans doute à lui, lorsqu'il laissait échapper cet aveu :

(1) Liv. I, 17.

J'ai vu beaucoup d'hymens ; aucuns d'eux ne me tentent.
Cependant des humains presque les quatre parts
S'exposent hardiment au plus grand des hasards ;
Les quatre parts aussi des humains se repentent (1).

A l'appui de sa thèse, il choisit pour exemple une femme revêche dont son mari se délivre, en l'envoyant à la campagne avec les gardeuses de dindons. Lorsqu'il essaye de la reprendre, il s'aperçoit que son caractère n'a pas changé, et il lui donne un congé définitif.

Dans *le Mari, la Femme et le Voleur* (2), il s'agit d'une femme qui n'aime pas son mari et que la crainte seule, inspirée par la visite inopinée d'un voleur, rend plus traitable en la déterminant à chercher un refuge entre les bras de son époux.

Nous avons vu des gens qui ont eu à se plaindre du mariage, et un homme d'âge mûr qui a renoncé prudemment à en essayer. La *Fille* vient confirmer la morale développée

(1) *Le mal marié*, liv. VII, 2.
(2) Liv. IX, 15.

dans la jolie fable du *Héron*. Elle a été fière et dédaigneuse. Fortune, esprit, naissance, dons extérieurs, qualités morales, elle a voulu tout trouver dans le mari de son choix. Elle n'a pas manqué de prétendants, mais il faut voir de quelle façon hautaine et méprisante ils ont été accueillis par cette orgueilleuse :

Quoi! moi! quoi! ces gens-là! l'on radote, je pense.
A moi les proposer! hélas! ils font pitié :
Voyez un peu la belle espèce!
L'un n'avait en l'esprit nulle délicatesse;
L'autre avait le nez fait de cette façon-là :
C'était ceci, c'était cela...

Les années s'écoulent, et les partis médiocres succèdent aux partis brillants, naguère si dédaignés. De telles offres sont une dérision pour une personne qui peut prétendre à tout. Elle ne se donne même plus la peine d'y répondre. Mais elle avait compté sans le temps et sans la nature. La beauté se fane, les attraits disparaissent peu à peu. Voilà de terribles avertissements.

Elle sent chaque jour
Déloger quelques Ris, quelques Jeux, puis l'Amour;

Puis ses traits choquer et déplaire;
Puis cent sortes de fards. Ses soins ne purent faire
Qu'elle échappât au Temps, cet insigne larron.
Les ruines d'une maison
Se peuvent réparer : que n'est cet avantage
Pour les ruines du visage!

La conclusion est juste et piquante. La vieille fille, jadis si impérieuse, si exigeante, qui n'avait trouvé personne digne d'elle, se mariera; elle épousera « un malotru », et elle sera trop heureuse de finir par là.

La veuve inconsolable d'abord, et qui ne tarde pas à se consoler, est un autre type pris sur le vif. La Fontaine a, pour le peindre, des traits d'une exquise malignité :

La perte d'un époux ne va pas sans soupirs :
On fait beaucoup de bruit et puis on se console.
Sur les ailes du Temps la tristesse s'envole.
Le Temps ramène les plaisirs.
Entre la veuve d'une année
Et la veuve d'une journée,
La différence est grande; on ne croirait jamais
Que ce fût la même personne.
L'une fait fuir les gens, et l'autre a mille attraits.

La transformation qui s'opère dans les sentiments et dans les vêtements est rendue avec une grâce légère et une fine moquerie. La veuve a jeté les hauts cris quand son père a osé lui faire entrevoir l'idée de se remarier, après avoir payé un juste tribut à la mémoire du défunt :

> Un mois de la sorte se passe;
> L'autre mois, on l'emploie à changer tous les jours
> Quelque chose à l'habit, au linge, à la coiffure :
> Le deuil enfin sert de parure,
> En attendant d'autres atours.
> Toute la bande des Amours
> Revient au colombier; les jeux, les ris, la danse
> Ont aussi leur tour à la fin :
> On se plonge soir et matin
> Dans la fontaine de Jouvence (1).

Nous avons suivi dans les détails de la toilette les progrès de l'inconstance du cœur humain. La veuve est maintenant toute prête à accueillir l'idée qu'elle avait repoussée avec horreur, et

(1) *La Jeune Veuve,* liv. VI, 21.

12

cette fois c'est elle qui s'enquiert du mari dont on ne lui parlait plus.

L'auteur des *Fables* a laissé l'auteur des *Contes* retracer l'image de la fidélité conjugale. Il l'a trouvée dans *Philémon et Baucis*. Ovide a fourni le sujet; mais notre poète a su, comme toujours, se l'approprier. Il nous présente, avec un sentiment pénétrant et un grand bonheur d'expression, les deux vieux époux, modèle de la constance heureuse et récompensée :

Hyménée et l'Amour, par des désirs constants,
Avaient uni leurs cœurs, dès leurs plus jeunes ans.
Ni le temps ni l'hymen n'éteignirent leur flamme;
Clothon prenait plaisir à filer cette trame.
Ils surent cultiver, sans se voir assistés,
Leur enclos et leur champ par deux fois vingt étés.
Eux seuls ils composaient toute leur république,
Heureux de ne devoir à pas un domestique
Le plaisir ou le gré des soins qu'ils se rendaient!
Tout vieillit; sur leur front les rides s'étendaient.
L'amitié modéra leurs feux sans les détruire,
Et par des traits d'amour sut encor se produire.

Ce couple vénérable, dont les ans n'ont fait que resserrer l'union si touchante, a reçu, cachés sous les traits d'obscurs pèlerins, les dieux devant lesquels toutes les portes sont restées fermées dans le bourg dont les habitants sont durs et inhospitaliers. L'humble logis de Philémon et de Baucis s'est seul ouvert à leur prière, et ils y ont trouvé l'accueil le plus naïf et le plus empressé. L'hospitalité ne peut être magnifique; mais elle a cette sorte de richesse qui vient des simples et des petits; le cœur y fait les frais du frugal repas; la franchise, la cordialité ont remplacé les apprêts d'un luxe orgueilleux et de démonstrations mensongères. Nous sommes à la campagne, sous un toit rustique, chez de braves gens qui ont conservé intact, au milieu des labeurs de la vie champêtre, le culte des choses religieuses, et sur lesquels le temps a passé sans bruit, sans autres événements que ceux des saisons, courbant leurs corps, ridant leurs fronts, mais laissant à leur vieillesse l'affection toujours jeune et toujours fidèle.

Leur langage est le reflet de leur vie. Philémon, qui ne soupçonne pas quels hôtes il reçoit dans sa chaumière, leur dit :

Reposez-vous. Usez du peu que nous avons;
L'aide des dieux a fait que nous le conservons :
Usez-en. Saluez ces pénates d'argile :
Jamais le ciel ne fut aux humains si facile,
Que quand Jupiter même était de simple bois.
Depuis qu'on l'a fait d'or, il est sourd à nos voix.

Il presse Baucis de remplir les devoirs de l'hospitalité. De charmants détails peignent cet intérieur villageois, et ce tableau est plein de traits d'une grâce infinie :

Quelques restes de feu, sous la cendre épandus,
D'un souffle haletant par Baucis s'allumèrent.
Des branches de bois sec aussitôt s'enflammèrent.
L'onde tiède, on lava les pieds des voyageurs.
Philémon les pria d'excuser ces longueurs :
Et pour tromper l'ennui d'une attente importune,
Il entretint les dieux, non point sur la fortune,
Sur les jeux, sur la pompe et la grandeur des rois,
Mais sur ce que les champs, les vergers et les bois
Ont de plus innocent, de plus doux, de plus rare.

Quiconque habite la campagne et pénètre dans les demeures rurales reconnaîtra, embelli par la poésie, ce qu'il a observé cent fois devant la grande cheminée où, à l'aspect des visiteurs, on a ravivé le feu près de s'éteindre. Il retrouvera, dans les propos tenus ici aux dieux de l'Olympe, ceux qui ont souvent frappé son oreille, propos dont les récoltes, le beau ou le mauvais temps fournissent le thème inépuisable et peu varié. Mais la ressemblance n'irait pas au delà, et la description suivante conviendrait difficilement de nos jours, même dans les pays pauvres, aux intérieurs campagnards où règne plus de bien-être et de recherche qu'autrefois.

La table où l'on servit le champêtre repas
Fut d'ais non façonnés à l'aide d'un compas :
Encore assure-t-on, si l'histoire en est crue,
Qu'en un de ses supports le temps l'avait rompue.
Baucis en égala les appuis chancelants
Des débris d'un vieux vase, autre injure des ans.
Un tapis tout usé couvrit deux escabelles :
Il ne servait pourtant qu'aux fêtes solennelles.
Le linge, orné de fleurs, fut couvert, pour tout mets,
D'un peu de lait, de fruits et des dons de Cérès.

Les dieux ont révélé leur présence par un

miracle. La maigre provision de vin s'est changée en une abondance intarissable. Jupiter apparaît avec ses sourcils « qui font trembler les cieux ». Mais il rassure ses hôtes et les engage à sortir du lieu sur lequel vont tomber les foudres de la colère divine pour punir ses coupables habitants. Philémon et Baucis suivent les dieux; mais ils marchent avec peine, appuyant sur un bâton leur chancelante vieillesse. Tout a péri, tout a disparu autour d'eux. Leur logis seul a été épargné, et il est devenu un temple aux marbres précieux. L'or brille où l'on voyait le chaume. La peinture, dans des œuvres d'un art consommé, retrace à tous les yeux les événements dont ils furent les témoins et les héros. Désormais, ils rempliront dans le temple les fonctions de la prêtrise. Ils se sont confondus dans l'expression de leur reconnaissance et de leur humilité. Mais ils ont adressé à Jupiter un vœu suprême, une dernière prière :

Hélas! dit Philémon, si votre main puissante
Voulait favoriser jusqu'au bout deux mortels,

Ensemble nous mourrions en servant vos autels.
Clothon ferait d'un coup ce double sacrifice;
D'autres mains nous rendraient un vain et triste office;
Je ne pleurerais point celle-ci, ni ses yeux
Ne troubleraient non plus de leurs larmes ces lieux.

Leur souhait s'accomplit. Un jour qu'ils racontent leur histoire aux pèlerins étonnés, Philémon et Baucis s'aperçoivent soudain de la métamorphose qui s'opère en eux :

Elle devenait arbre et lui tendait les bras;
Il veut lui tendre aussi les siens et ne peut pas.
Il veut parler, l'écorce a sa langue pressée.
L'un et l'autre se dit adieu de la pensée.

Baucis est changée en tilleul; Philémon est devenu un chêne, et le poète nous dit, avant de terminer son récit :

On les va voir encore, afin de mériter
Les douceurs qu'en hymen Amour leur fit goûter.
Ils courbent sous le poids des offrandes sans nombre.
Pour peu que des époux séjournent sous leur ombre,
Ils s'aiment jusqu'au bout, malgré l'effort des ans.
Ah! si... Mais autre part j'ai porté mes présents.

Ce dernier vers renferme l'expression contenue sinon d'un remords, du moins d'un regret attendri. Si ce regret traversa l'âme de La Fontaine, il ne s'y arrêta pas longtemps. La fantaisie l'emporta de nouveau sur ses ailes.

Même après sa conversion et dans les deux dernières années qui précédèrent sa mort, on ne voit pas qu'il ait songé à reprendre la vie commune avec celle à qui il avait donné son nom, ni à renouer des liens que, de bonne heure, avaient rompus l'infidélité et l'incompatibilité des caractères.

On n'aperçoit au chevet du poète mourant, ni l'épouse délaissée, ni le fils sur lequel il avait à peine laissé tomber un regard distrait. La renommée de l'écrivain reste éclatante; mais s'il était venu s'y joindre les vertus de l'homme privé, elle eût été plus complète dans son rayonnement, et sa gloire est amoindrie de la dignité qui a manqué à sa vie.

CHAPITRE XI

L'AMITIÉ

Un railleur disait un jour que nous avons trois sortes d'amis : ceux qui nous aiment, ceux qui ne se soucient pas de nous et ceux qui nous haïssent.

Ovide estime que peu d'amitiés survivent à la mauvaise fortune :

« Comme le feu éprouve l'or, l'adversité éprouve l'amitié : tant que la fortune nous favorise et nous montre un visage serein, tout sourit à une destinée jusqu'alors à l'abri de toute atteinte. La foudre vient-elle à gronder, tout fuit, et personne ne connaît plus celui qu'entourait naguère un essaim d'adulateurs (1). »

(1) *Les Tristes*, liv. I, élégie V.

Socrate, faisant bâtir une petite maison, répondait à ceux qui critiquaient son exiguïté, qu'elle serait trop grande encore pour ne renfermer que de vrais amis.

Ces affirmations sont un peu décourageantes; mais elles prouvent seulement une chose, c'est qu'on prend et qu'on donne trop facilement la qualité d'ami. La Fontaine, qui a consacré une de ses fables à la parole de Socrate (1), la commente fort justement en ces termes :

> Chacun se dit ami; mais fou qui s'y repose.
> Rien n'est plus commun que ce nom,
> Rien n'est plus rare que la chose.

Avant de se plaindre des trahisons de l'amitié, il faudrait définir d'abord son véritable caractère, être d'accord sur les devoirs réciproques qu'elle impose, et ne pas exiger plus que nous n'apportons dans cet échange des affections et des services où l'on doit mettre beaucoup de son cœur et un peu de son esprit.

(1) Liv. IV, 17.

Il y a les amis de la fortune, les amis de la faveur, les amis de la table, les amis des grandeurs. On n'a rien à attendre de ceux-là qui justifieront les vers d'Ovide, aux premiers signes précurseurs de l'orage, et déserteront bien vite la maison que visite le malheur.

Les disgrâces royales ont été, pour les disgraciés, des occasions de compter leurs amis. Fénelon n'en perdit pas un seul quand il eut été exilé à Cambrai et frappé avec une rigueur que ni le temps, ni ses vertus, ni son admirable conduite pendant la guerre de Flandre ne purent fléchir (1).

Toute la cour suivit Choiseul à Chanteloup où le reléguait la volonté de Louis XV pour venger Mme du Barry. Mais s'il conserva des amis fidèles, l'esprit d'opposition et l'entraînement de la mode ne furent pas étrangers aux manifestations et aux hommages qui entourèrent sa disgrâce et consolèrent son exil.

(1) Voir le charmant livre que lui a consacré le prince Emmanuel de Broglie : *Fénelon à Cambrai*.

Mme de Staël, en butte à l'arbitraire impérial, inspira des sympathies d'autant plus courageuses qu'elles ne bravaient pas impunément Napoléon. De ce nombre fut Mme Récamier, qui, chose plus rare, avait vu la ruine non seulement ne pas lui faire perdre ses amis, mais lui en acquérir de nouveaux.

Ces exemples honorent l'humanité; ils répondent au scepticisme qui tendrait à faire douter de l'amitié comme de la reconnaissance.

L'antiquité nous offre le modèle de l'amitié dans deux figures de la Fable, Oreste et Pylade, que rien ne peut séparer l'un de l'autre. Lorsque Oreste est sur le point d'être sacrifié par Thoas, Pylade cherche à se faire passer pour Oreste, qui proteste contre la ruse généreuse de son ami. Ils ne périssent ni l'un ni l'autre. La prêtresse de Diane, Iphigénie, reconnaît son frère dans Oreste, au moment où le couteau allait trancher sa vie, et elle immole Thoas qui l'avait condamné.

Montaigne et La Boétie furent si intimement unis qu'ils se donnaient le nom de frères. Montaigne parle avec attendrissement de cette amitié « que nous avons nourrie, dit-il, tant que Dieu a voulu, entre nous, si entière et si parfaicte que certainement il ne s'en lit guères de pareilles, et entre nos hommes il ne s'en veoid aulcune trace en usage. Il fault tant de rencontres à la bastir, que c'est beaucoup si la fortune y arrive une fois en trois siècles. »

Il emploie des termes à la fois énergiques et naïfs pour décrire la nature de l'amitié dans laquelle les âmes doivent se mêler et se confondre « d'un meslange si universel qu'elles effacent et ne retrouvent plus la cousture qui les a joinctes ». Il a encore un mot expressif et touchant au sujet de cet ami dont il pleura la perte : « Si on me presse de dire pourquoy je l'aymoy, je sens que cela ne se peult exprimer qu'en respondant : Parce que c'estoit luy, parce que c'estoit moy. »

Cette amitié était née, comme il arrive souvent, d'une sympathie instinctive et irrésistible, et, comme nous dit Montaigne, « par quelque ordonnance du Ciel... A nostre première rencontre qui feut par hazard en une grande feste et compaignie de ville, nous nous trouvâmes si prins, si cogneus, si obligez entre nous, que rien dez lors ne nous feut si proche que l'un à l'aultre (1). »

Il ne faut pas chercher à expliquer ces liaisons qui existent parfois entre les caractères les plus opposés. Elles semblent avoir pour origine je ne sais quels rapports mystérieux, une affinité secrète, une parenté du cœur et, selon l'expression de Montaigne, « quelque ordonnance du Ciel ».

L'amitié, si vive et si profonde qu'elle soit, ne saurait être aveugle ; elle est clairvoyante, mais elle ne dure qu'à la condition d'être indulgente. Horace dit plaisamment : « Qui ne veut pas que

(1) *Essais*, liv. I, chap. XXVII.

sa bosse choque son ami, doit lui pardonner ses verrues. »

Qui, ne tuberibus propriis offendat amicum,
Postulat, ignoscet verrucis illius (1).

Pascal prétend que « peu d'amitiés subsisteraient si chacun savait ce que son ami dit de lui lorsqu'il n'y est pas, quoiqu'il parle alors sincèrement et sans passion (2) ».

La définition de La Rochefoucauld témoigne de plus de méfiance encore, car elle nie l'amitié : « Ce que les hommes ont nommé amitié n'est qu'une société, qu'un ménagement réciproque d'intérêts, et qu'un échange de bons offices; ce n'est enfin qu'un commerce où l'amour-propre se propose toujours quelque chose à gagner. »

Ainsi, d'après Pascal, les amis, lorsqu'ils ne sont plus ensemble, disent volontiers du mal les uns des autres, et si l'on en croit La Rochefou-

(1) Sat. III, lib. I.
(2) *Pensées,* chap. III, VIII.

cauld, l'amitié n'est rien qu'une affaire d'intérêt et d'amour-propre.

Ne recueillons ces affirmations qu'en nous souvenant qu'elles émanent de censeurs sévères et de moralistes chagrins. De la part de La Rochefoucauld, elles ont le caractère d'une véritable ingratitude, quand on se rappelle qu'il eut le privilège de connaître des amitiés comme celles de Mme de La Fayette et Mme de Sévigné.

La Fontaine ne cherche à nous donner ni une aveugle confiance, ni une fâcheuse incrédulité. Il a pris pour type des amis maladroits l'ours qui, pour délivrer d'une mouche le vieillard dont il partage l'existence, le tue en lui jetant un pavé à la tête.

Rien n'est si dangereux qu'un maladroit ami;
Mieux vaudrait un sage ennemi (1).

La Fontaine ne dut pas avoir de ces amis-là. Il ne connut pas les faux amis, mais la véritable

(1) *L'Ours et l'Amateur de jardins,* liv. VIII, 10.

amitié, et il eut ce qui sert plus à la prouver, à la mettre en évidence : il était pauvre. Si l'on fit cortège à son génie, l'on ne put courtiser sa fortune. L'amitié a joué dans sa vie le rôle de la Providence.

Pour inspirer des dévouements sincères, des affections profondes, il faut les mériter, et l'on ne mérite ces sentiments que si l'on est capable de les éprouver soi-même. Celui de l'amitié est si bien entré dans le cœur de La Fontaine que, dans les fables qu'il lui a consacrées, son style s'élève avec sa pensée et trouve pour la peindre des expressions d'une délicatesse infinie. Il a représenté des amis dont

> L'un ne possédait rien qui n'appartînt à l'autre.

Celui qui se livrait au sommeil est tout étonné de voir son ami à son chevet, au milieu de la nuit, et lui offre aussitôt tout ce qu'il possède, dans la crainte qu'il ne lui soit arrivé quelque malheur. L'autre, lui répondant qu'il n'a besoin de rien, lui explique d'un mot exquis sa présence inattendue et la cause de son émotion :

Vous m'êtes en dormant un peu triste apparu ;
J'ai craint qu'il ne fût vrai ; je suis vite accouru.

Son ami ne lui a pas semblé malheureux, mais seulement *un peu triste*. C'en est assez pour qu'il soit venu à la hâte le trouver. La véritable affection ne se borne pas à s'affliger des malheurs ; elle s'effraye à la pensée de ceux qui peuvent survenir, et elle les croit arrivés quand elle les a vus dans ses rêves.

Qu'un ami véritable est une douce chose !
Il cherche vos besoins au fond de votre cœur ;
Il vous épargne la pudeur
De les lui découvrir vous-même.
Un songe, un rien, tout lui fait peur,
Quand il s'agit de ce qu'il aime (1).

C'est par ces vers pleins du sentiment profond et délicat de l'amitié que conclut le poète qui sut si bien le sentir et le célébrer.

(1) *Les Deux Amis*, liv. VIII, 11.

La fable des *Deux Pigeons*, une des plus connues et une des plus charmantes de La Fontaine, ne saurait s'appliquer à l'amitié, et ce n'est pas par elle qu'elle a été inspirée. Le fabuliste prend soin de nous en avertir dès le premier vers, où il nous dit que les deux pigeons s'aimaient « d'amour tendre ». Cette fable abonde en images attrayantes, en mots délicieux. La fin a la mélancolie d'un adieu à la jeunesse envolée et d'un dernier appel aux orages du cœur :

Amants, heureux amants, voulez-vous voyager?
　　Que ce soit aux rives prochaines.
Soyez-vous l'un à l'autre un monde toujours beau,
　　Toujours divers, toujours nouveau;
Tenez-vous lieu de tout, comptez pour rien le reste.
J'ai quelquefois aimé; je n'aurais pas alors
　　Contre le Louvre et ses trésors,
Contre le firmament et sa voûte céleste,
　　Changé les bois, changé les lieux
Honorés par les pas, éclairés par les yeux
　　De l'aimable et jeune bergère
　　Pour qui, sous le fils de Cythère,
Je servis, engagé par mes premiers serments.
Hélas! quand reviendront de semblables moments?
Faut-il que tant d'objets si doux et si charmants

Me laissent vivre au gré de mon âme inquiète!
Ah! si mon cœur osait encor se renflammer!
Ne sentirai-je plus de charme qui m'arrête?
Ai-je passé le temps d'aimer?

Il y a loin de ces vers d'un accent pénétrant et d'une grâce attendrie aux lieux communs d'une banale et fade galanterie. On n'a jamais trouvé des expressions plus poétiques et plus délicates pour peindre l'ivresse de la passion et son joug regretté. Tout contribue à exercer une séduction, jusqu'au dernier vers qui nous laisse suspendus à une interrogation plaintive d'où s'échappe le regret des années écoulées.

La fable des *Deux Pigeons* est délicieuse d'un bout à l'autre, mais elle ne saurait, en aucune façon, mériter l'application qu'on en a faite très faussement à l'amitié. Le commencement et la fin protestent contre cette interprétation, à l'usage de l'enfance, et ce souvenir a, sans doute, contribué à lui faire donner parfois une signification qu'elle n'a pas et qui n'a pu exister dans la pensée de l'auteur.

Avec la fable intitulée *le Corbeau, la Gazelle, la Tortue et le Rat* (1), nous revenons au sujet d'où nous nous sommes momentanément écartés. Cette fable est, en quelque sorte, l'apologie de l'amitié; elle est dédiée à Mme de la Sablière. La Fontaine l'a fait précéder d'un long préambule qui n'est que la manifestation publique, éclatante, de ses sentiments pour sa protectrice, dont il loue le cœur « vif et tendre »

> Pour ses amis et non point autrement,

et l'esprit qui

> ...né du firmament,
> A beauté d'homme avec grâce de femme.

Ces louanges, qu'on pourrait croire empreintes d'exagération poétique, n'étaient que des éloges très mérités aux yeux de quiconque connaissait Mme de la Sablière, dont le savoir sans pédanterie, les dons extérieurs, la distinction étaient renommés. Victime de l'infidélité conjugale,

(1) Liv. XII, 15.

elle avait écouté la voix des plaisirs. Sa liaison avec le marquis de La Fare n'était un mystère pour personne, et avait été suivie d'un abandon dont elle eut peine à se consoler. Elle se consacra tout entière à Dieu, après s'être donnée au monde, et racheta les fautes de sa vie par les pratiques de la dévotion et les œuvres de la charité. La Fontaine, en payant un tribut à son mérite et à ses attraits, indique le changement opéré par sa conversion et auquel ses amis, ses admirateurs sont tenus de conformer leurs sentiments et leur langage :

O vous, Iris, qui savez tout charmer,
Qui savez plaire en un degré suprême
(Ceci soit dit sans nul soupçon d'amour,
Car c'est un mot banni de votre cour,
Laissons-le donc), agréez que ma muse
Achève un jour cette ébauche confuse.
J'en ai placé l'idée et le projet,
Pour plus de grâce, au devant d'un sujet
Où l'amitié donne de telles marques
Et d'un tel prix que leur simple récit
Peut quelque temps amuser votre esprit.
Non que ceci se passe entre monarques :
Ce que chez vous nous voyons estimer

N'est pas un roi qui ne sait point aimer :
C'est un mortel qui sait mettre sa vie
Pour son ami.

La fable sera à l'honneur de l'amitié, cette préface le dit assez. Nous entrons maintenant dans le sujet, et nous trouvons la gazelle, le rat, le corbeau et la tortue vivant ensemble dans une union parfaite, dont le bonheur est troublé par un maudit chien qui découvre la gazelle, à l'heure où elle prenait innocemment ses ébats. Il s'élance à sa poursuite. Nos trois amis sont bien étonnés de ne pas voir paraître la gazelle, à l'heure où ils se mettent à table. Le rat en fait la remarque, et la tortue de s'écrier :

Ah! si j'étais
Comme un corbeau d'ailes pourvue,
Tout de ce pas je m'en irais
Apprendre au moins quelle contrée,
Quel accident tient arrêtée
Notre compagne au pied léger;
Car à l'égard du cœur il en faut mieux juger.

Pas un des trois amis n'a l'idée d'une absence volontaire, d'un départ, d'une infidélité. Le soupçon serait une injure à l'amitié. Dans cette petite société, tous tiennent les uns aux autres par les liens de la confiance et de l'affection. Ils ne forment qu'un cœur et qu'une âme. La tortue n'a pas plus tôt fini de parler que le corbeau est parti à tire-d'aile. Il a vu la pauvre gazelle prise au piège, et au lieu de s'attarder, en lui demandant des explications inutiles, il revient bien vite pour lui préparer du secours et tenir conseil. On décide de se transporter sans retard auprès de la prisonnière. L'on ne peut dissuader la tortue d'en faire autant. Elle s'obstine à partir, au lieu de rester au logis ; elle maudit sa lenteur, ses pieds courts, la maison qu'elle porte sur le dos ; mais enfin elle arrive auprès de son amie. Comme on peut le penser, le rat, en pareille occasion, est le personnage le plus utile. Il fait si bien par ses dents qu'il ronge les mailles du filet où la gazelle était retenue captive.

Le chasseur survient, et tout le monde se sauve, excepté la tortue, qui ne peut jamais aller vite. L'ennemi l'aperçoit, et, furieux d'avoir manqué sa proie, il la met dans un sac. Elle serait perdue si ses amis ne veillaient sur elle. La gazelle, prévenue par le corbeau, apparaît en boitant, comme si elle était blessée, et le chasseur, trompé par ce stratagème, s'élance après elle, en jetant le sac dans lequel il avait renfermé la tortue, qui, grâce au rat, toujours secourable, ne tarde pas à recouvrer la liberté.

Que nous montre cette fable? Que tout est en commun dans l'amitié, les biens et les maux, les joies et les peines; qu'un ami ne doit pas hésiter, en présence des épreuves, à voler auprès de son ami malheureux, et qu'il saura, s'il le faut, exposer sa vie pour le sauver.

Telle est la leçon touchante, ingénieuse, donnée par les quatre animaux dignes, nous dit en terminant La Fontaine, de fournir la matière d'un poème comme l'*Iliade* ou l'*Odyssée.* Mis en belle humeur par cette gracieuse fiction, il commente l'aventure de la gazelle, les exploits de « Porte-maison l'infante », de « Rongemaille » et de « Monsieur du Corbeau ».

> Ainsi chacun dans son endroit
> S'entremet, agit et travaille.
> A qui donner le prix? Au cœur, si l'on m'en croit.

La meilleure justice en pareil cas est celle qui ne décide rien, et chacun ayant mérité le prix dans cette généreuse rivalité du courage et de l'affection, il faut l'accorder à tous ou ne le donner à personne.

Les douceurs de l'amitié, ses devoirs, son dévouement, sa récompense, nous voyons tout cela dans cette fable à la fois bienfaisante et divertissante, qui peint de jolies scènes et de beaux sentiments, et sait à la fois réjouir l'esprit et toucher le cœur.

Le poète, dans ses vers, aimait à bâtir des temples à ses amis. Si l'amitié avait aujourd'hui parmi nous son temple comme chez les anciens, il faudrait y placer l'image de La Fontaine.

CHAPITRE XII

LA PENSÉE DE LA MORT

« La mort! voilà le dernier terme! » s'écrie le voluptueux Horace (1). C'est la dernière page du livre de la vie qu'on ne lit pas deux fois (2).

La pensée de la mort revient souvent dans les œuvres d'Anacréon, non pour exhorter les hommes à se corriger de leurs défauts, à réformer leurs mœurs, mais pour les engager à jouir de la vie. Convives assis à la table du festin, ils doivent recevoir la sombre visi-

(1) *Mors ultima linea rerum est.* (Epist. I, 16.)

(2) Le livre de la vie est le livre suprême,
Qu'on ne peut ni fermer, ni rouvrir à son choix.
Le passage attachant ne s'y lit pas deux fois :
Mais le feuillet fatal s'y tourne de lui-même.
On voudrait revenir à la page où l'on aime,
Et la page où l'on meurt est déjà sous nos doigts.

(LAMARTINE.)

teuse, le sourire aux lèvres et le front couronné de roses.

La morale païenne ne pouvait envisager la mort comme la morale chrétienne. Le bonheur est alors non dans le devoir, mais dans le plaisir. Le culte du corps fait oublier l'âme et ses immortelles destinées.

Se pourrait-il que dans un livre de fables, dans une œuvre légère et souriante comme celle de La Fontaine, on trouvât des sermons sur la mort? Cette pensée de la fin dernière s'y trouve exprimée dans les plus beaux vers qu'ait écrits le poète, bien avant le déclin de l'âge et l'époque de son retour aux sévères pratiques de la religion. Dès le premier livre de ses fables, ce sujet est traité deux fois. *La Mort et le Malheureux, la Mort et le Bûcheron* (1) sont deux variations sur le même thème, deux formes différentes de la même pensée. La première de ces fables représente un homme qui appelle la mort

(1) Liv. I, 15 et 16.

comme une libératrice. Elle arrive et frappe à sa porte; dès qu'il l'aperçoit, il jette un cri d'horreur et la conjure de s'éloigner. Cette idée est juste et frappante dans sa concision; mais elle est trop générale. Elle a plus de force sous les traits du bûcheron. Ce n'est plus, en effet, un malheureux dont nous ignorons le nom, les épreuves, la condition; c'est un homme dans lequel sont réunies toutes les circonstances les plus propres à rendre la vie malheureuse, insupportable. La Fontaine a soin de le charger de tous les fardeaux, celui de la misère, celui des années, celui de la famille et des impôts. Regardons-le marcher ou plutôt s'arrêter, las, découragé, désespéré :

Un pauvre bûcheron tout couvert de ramée,
Sous le faix du fagot aussi bien que des ans
Gémissant et courbé, marchait à pas pesants,
Et tâchait de gagner sa chaumine enfumée.

Comme tout est pénible, accablant, dans ce tableau! Le vers semble s'appesantir comme la marche du pauvre homme qui se traîne en gémissant vers sa demeure misérable comme lui.

Enfin, n'en pouvant plus d'effort et de douleur,
Il met bas son fagot, il songe à son malheur.
Quel plaisir a-t-il eu depuis qu'il est au monde?
En est-il un plus pauvre en la machine ronde?
Point de pain quelquefois, et jamais de repos :
Sa femme, ses enfants, les soldats, les impôts,
Le créancier et la corvée
Lui font d'un malheureux la peinture achevée.

Il est impossible de ne pas plaindre cet infortuné. Nous sommes obligés de convenir qu'il a raison de repousser la vie; elle est trop dure, trop pesante. Tout vaut mieux qu'une pareille existence devenue vraiment intolérable.

Il appelle la Mort. Elle vient sans tarder,
Lui demande ce qu'il faut faire.
C'est, dit-il, afin de m'aider
A recharger ce bois; tu ne tarderas guère.

Ce sentiment est profondément humain et présenté sous la forme la plus naturelle et la plus frappante. Mieux vaut continuer de supporter la souffrance que d'aborder au rivage inconnu et de pénétrer dans les sombres régions sur lesquelles plane l'insondable mystère.

> Plutôt souffrir que mourir,
> C'est la devise des hommes.

Tous raisonnent comme le bûcheron, car au fond de nos épreuves et de nos peines, il y a une invincible espérance qui crie en nous et nous attache à la terre. Nous traînons les chaînes de nos passions et la misère de nos jours, et nous nous arrêtons parfois pour exhaler nos plaintes. S'il nous arrivait d'appeler la Mort à notre secours, nous ne lui demanderions, en la voyant paraître, que de nous aider à reprendre le lourd fardeau de la vie.

Je n'ai jamais rencontré dans une forêt, en hiver, un pauvre emportant du bois mort, sans songer à la fable de La Fontaine. Au-dessus de lui, les arbres étendent leurs rameaux blanchis par le givre. Le vent fait entendre un sifflement aigu. Le froid est partout. Du moins, ce fagot apportera un peu de bien-être au logis. Il pétillera dans l'âtre et réchauffera les membres engourdis. Autour du foyer se presseront la mère et les enfants dont l'image se présente au pauvre homme comme une charge de plus, mais aussi comme la consolation d'une existence qui serait plus triste encore, si elle était solitaire. Il a posé à terre son fagot pour reprendre des forces, avant de continuer sa route. Peut-être, lui aussi, a-t-il envisagé la mort comme une délivrance; peut-être a-t-il gémi, en pensant à sa destinée. Mais il sera moins malheureux si, au lieu de se plaindre, il se résigne.

J'ai déjà eu l'occasion de citer la fable : *le Vieillard et les Trois Jeunes Hommes*. Elle est inspirée, elle aussi, par la pensée de la mort. Nous y voyons l'ordre de la nature interverti par un ordre plus puissant et une volonté plus haute, et la mort y apparaît cruelle, car elle frappe la jeunesse, elle n'attend pas le nombre des années. Mais le rôle du vieillard a un caractère touchant. Les trois jeunes gens, dans l'orgueil de la vie, l'avaient raillé, lorsqu'il plantait l'arbrisseau dont le futur ombrage n'était pas fait pour lui. Ils avaient oublié que la jeunesse ne doit jamais se vanter de l'avenir, ni reprocher à la vieillesse d'avoir trop vécu. L'octogénaire leur avait répondu doucement, en leur rappelant la fragilité de la vie :

La main des Parques blêmes
De vos jours et des miens se joue également.
Nos termes sont pareils par leur courte durée.
Qui de nous des clartés de la voûte azurée
Doit jouir le dernier?

Il s'était excusé ensuite de s'occuper du lendemain. Il n'a pas songé à lui, mais aux autres, et la pensée du plaisir d'autrui est pour lui une jouissance, un bonheur. Les trois jeunes gens ont péri dans des aventures diverses, justifiant les paroles prophétiques du vieillard qui ne leur survit que pour les pleurer et graver cette histoire sur leur tombeau.

La fable *la Mort et le Mourant* (1) est digne

(1) Liv. VIII, 1.

du sujet par la haute éloquence, par la perfection de la forme et la poésie des idées. Le début est une leçon de morale, de la morale la plus grave et la plus élevée :

> La Mort ne surprend pas le sage :
> Il est toujours prêt à partir,
> S'étant su lui-même avertir
> Du temps où l'on se doit résoudre à ce passage.
> Ce temps, hélas ! embrasse tous les temps :
> Qu'on le partage en jours, en heures, en moments,
> Il n'en est point qu'il ne comprenne
> Dans le fatal tribut ; tous sont de son domaine :
> Et le premier instant où les enfants des rois
> Ouvrent les yeux à la lumière,
> Est celui qui vient quelquefois
> Fermer pour toujours leur paupière.

Vérités banales, à force d'être répétées. Mais combien elles sont rajeunies par le tour et l'expression poétiques ! Les vers rappelant l'instabilité des grandeurs humaines purent être redits mélancoliquement, en face du palais de Louis XIV, alors que la mort prématurée du duc et de la duchesse de Bourgogne laissait la vieillesse du grand Roi solitaire et attristée, en lui montrant sa tombe près du berceau de l'enfant devenu le fragile héritier de sa couronne.

La Fontaine, qui avait mis en scène un bûcheron las de la vie, nous représente ici un centenaire qui ne se résigne pas à la quitter. Il demande un délai. Il n'a pas fait encore son testament. Bien des choses le sollicitent, et il n'a pas eu le loisir de les entreprendre ou de les achever. Pourquoi venir le surprendre si vite, si brusquement? La Mort ne manque pas de raisons à lui donner. Elle lui rappelle d'abord son âge, et il suffirait pour la justifier. Elle énumère ensuite tous les avertissements qu'a reçus le vieillard et qui auraient dû le préparer à mourir :

Ne te donna-t-on pas des avis quand la cause
 Du marcher et du mouvement,
 Quand les esprits, le sentiment,
Quand tout faillit en toi? Plus de goût, plus d'ouïe;
Toute chose pour toi semble être évanouie;
Pour toi l'astre du jour prend des soins superflus.
Tu regrettes des biens qui ne te touchent plus.

La peinture de la vieillesse et l'énumération de ses infirmités auraient été douloureuses et intolérables, si l'art et l'heureux choix des termes ne corrigeaient ce qu'elles ont de pénible. Qu'on leur compare la description de Juvénal (1), qui, non content d'insister longuement et durement sur les misères et les épreuves de l'âge, entre dans des détails répugnants, et fait des vieillards un portrait qui excite moins la pitié que le dégoût.

La Fontaine ne dissimule pas les maux de la vieillesse ; mais il les relève par la noblesse des images. Il sauve la laideur par la poésie.

La Mort a rappelé au centenaire le nombre de ses années; c'était son droit. Elle lui parle aussi de ses contemporains, dont la disparition a dû être pour lui un avertissement; puis elle se prépare à exécuter sa sentence.

Les vers qui terminent la fable ne sont pas moins beaux que ceux du commencement :

La Mort avait raison : je voudrais qu'à cet âge
On sortît de la vie ainsi que d'un banquet,
Remerciant son hôte, et qu'on fît son paquet :
Car de combien peut-on retarder le voyage?

(1) Satire X. *Les Vœux.*

Tu murmures, vieillard! Vois ces jeunes mourir;
Vois-les marcher, vois-les courir
A des morts, il est vrai, glorieuses et belles,
Mais sûres cependant et quelquefois cruelles.
J'ai beau te le crier, mon zèle est indiscret :
Le plus semblable aux morts meurt le plus à regret.

Rien de plus vrai que la pensée finale, d'une forme si poétique. Tout s'élève et nous élève dans cette fable vers des régions supérieures. La Fontaine, on a pu le remarquer, propose ici la jeunesse en exemple au vieillard, et dans une autre de ses fables (1) elle a reçu la leçon du vieillard qu'elle a précédé dans la tombe.

Le poète Patrix ayant été guéri d'une grave maladie, à l'âge de quatre-vingts ans, ses amis vinrent le voir pour le féliciter et l'engagèrent à se lever. « Hélas! messieurs, leur répondit-il, ce n'est pas la peine de m'habiller. »

C'était exprimer une idée triste d'une façon plaisante. La vieillesse qui, au lieu de s'assombrir et d'assombrir les autres, cherche à illu-

(1) *Le Vieillard et les Trois Jeunes Hommes.*

miner ses derniers jours d'un rayon d'esprit et de gaieté, n'a pas les défaillances de son âge; elle en a la suprême coquetterie, et ses efforts pour sourire à sa fin ne sont pas seulement l'indice du courage, mais de la bonté.

Il est de pâles soleils d'hiver dont la lumière douce réjouit la nature dépouillée. Si faible que soit leur éclat, ils répandent une chaleur bienfaisante, ils ont l'attrait mélancolique de la flamme prête à s'éteindre, et on les cherche encore à l'horizon où ils viennent de disparaître.

CHAPITRE XIII

COMMENT ON DOIT LIRE LES FABLES DE LA FONTAINE

Lorsque, parvenus à la maturité de l'âge, nous revenons aux fables de La Fontaine, lues ou récitées dans notre enfance, nous nous apercevons que nous les avions apprises, mais que nous ne les connaissions pas. Elles ne pouvaient être alors qu'un amusement, et nous n'en saisissions que les côtés plaisants. Plus tard, nous en apprécions les beautés littéraires et la profondeur morale, car nous les relisons avec l'expérience de la vie. C'est la vie réelle qu'elles retracent, et nous retrouvons en elles son image. Nous avons une double jouissance : La Fontaine ne charme pas seulement notre esprit, il satisfait notre raison. Son jugement vient confirmer le nôtre; il enlève à notre connaissance du monde et des hommes ce qu'elle pourrait avoir de triste et d'amer.

Nous ne pouvons que ratifier alors l'opinion exprimée par Sainte-Beuve :

« Le La Fontaine qu'on donne à lire aux enfants ne se goûte jamais si bien qu'après la quarantaine; c'est ce vin vieux dont parle Voltaire et auquel il a comparé la poésie d'Horace; il gagne à vieillir, et de même que chacun, en prenant de l'âge, sent mieux La Fontaine, de même aussi la littérature française, à mesure qu'elle avance et qu'elle se prolonge, semble lui accorder une plus belle place et le reconnaître plus grand (1). »

De tous nos écrivains, il n'en est pas qu'on puisse relire avec plus de profit et d'agrément; nul ne possède au même degré le secret de ne pas vieillir. Ses fables nous sont familières; nous avons cent fois repassé par ces

(1) *Causeries du lundi*, t. VII : *La Fontaine*.

mêmes chemins, et toujours nous trouvons à y cueillir des fleurs nouvelles, en nous étonnant de ne pas les avoir encore aperçues.

La lecture à haute voix est un puissant moyen de pénétrer au fond de ces œuvres inimitables, et d'apprécier tous les genres de mérite et de beauté qu'elles renferment. La Fontaine, avec l'inépuisable variété de son esprit, le charme de son style et la flexibilité de son talent, se prête merveilleusement à l'art dont M. Legouvé a formulé les préceptes dans deux traités, devenus classiques, qui joignent l'exemple au précepte, de la façon la plus spirituelle, la plus ingénieuse et la plus agréable (1). L'éminent et gracieux écrivain, dont toutes les productions attestent la vivacité d'une intelligence toujours alerte et la fraîcheur d'une imagination toujours jeune (c'est là une parenté d'esprit avec La Fontaine), parle ainsi de la manière dont on doit lire ces fables :

(1) *L'Art de la lecture* et *la Lecture en action.*

« La Fontaine n'est pas seulement un fabuliste, un moraliste, un dramatiste; il est encore poète et peintre. Eh bien, c'est précisément ce côté poétique et pittoresque qui disparaît souvent dans les fables lues; les plus habiles y sont trompés, je crois, par une règle fort juste en soi, mais d'application délicate. Les fables, disent-ils, doivent être lues simplement. Sans doute, mais il y a bien des sortes de simplicité. La simplicité peut être nue, froide, plate ou expressive, imagée, pathétique. Or, puisque La Fontaine a trouvé moyen d'être grand poète et grand peintre, en restant dans la vérité et dans la simplicité, votre devoir à vous, lecteur, est d'être poétique et pittoresque, sans cesser d'être simple et vrai (1). »

Développant cette idée juste et combattant l'opinion qui, au nom de la simplicité, tendrait à défigurer La Fontaine, en lisant prosaïquement sa poésie, M. Legouvé dit encore :

(1) *La Lecture en action*, chap. VI : *De la poésie dans la diction*.

« La Fontaine est le poète le plus complexe de la langue française. Personne n'a rassemblé en soi tant de contraires! Nulle poésie n'est aussi riche en oppositions. Son surnom très mérité de bonhomme, sa légitime réputation de naïveté, ses mille traits de distraction ont donné le change sur son génie. Son caractère d'homme nous a abusés sur son caractère de poète. Ingénu dans la vie? Oui. Candide comme individu? Oui. Mais, la plume à la main, c'est le plus habile, le plus rusé, je dirais volontiers le plus roué de tous les artistes...

« Tout, en effet, chez La Fontaine, est calculé, prémédité, cherché, et en même temps, par un don merveilleux, tout est harmonieux, souple, naturel! L'art est partout, l'artifice nulle part! Où réside son secret? Dans cette délicieuse simplicité de cœur qui, passant dans ses vers, s'unit si bien à son talent, que chez lui la science se trouve employée à peindre la naïveté, et que la naïveté communique son abandon à la science. Ajoutez un contraste de plus, une difficulté de plus et, par conséquent, un mérite de plus. Chez La Fontaine, tous les extrêmes se touchent. Il met à côté l'un de l'autre les tons les plus disparates : l'émotion, la raillerie, la force, la noblesse, la familiarité, la jovialité gauloise se coudoient à tout instant dans ses vers. Nul n'a su faire tenir tant de grandeur dans si peu de place! Il lui suffit d'une ligne, d'un mot, pour vous ouvrir tout à coup de vastes horizons! Peintre incomparable! Narrateur incomparable! Créateur de caractères presque égal à Molière lui-même (1). »

Ces éloges d'un bon juge sont à eux seuls un enseignement, et voilà déjà bien des leçons en peu de lignes.

La Fontaine est un poète et presque toujours un poète comique. Ses fables sont de véritables études de mœurs, des peintures de caractères, des scènes de comédie. Il ne faut donc pas les lire, il faut les jouer.

(1) *L'Art de la lecture,* IIe partie, chap. VI : *De la lecture des vers.*

Samson, de la Comédie française, qui poussa si loin l'art de la diction, racontait qu'il avait compris seulement au bout de vingt ans le vrai sens d'un vers de la fable *le Lièvre et la Tortue* (1). La tortue étant arrivée la première, malgré les efforts tardifs du lièvre pour la rattraper :

Eh bien, lui cria-t-elle, avais-je pas raison?
De quoi vous sert votre vitesse?
Moi l'emporter! Et que serait-ce
Si vous portiez une maison?

Ces simples mots : « Eh bien, lui cria-t-elle... » montrent la distance qui séparait alors le lièvre de la tortue. Pour se faire entendre des gens, on n'a besoin de crier que si l'on est loin d'eux. Le lecteur doit donc figurer l'éloignement par le son de la voix et traduire ainsi l'intention du poète.

On voit par cette observation tout ce que peut découvrir dans La Fontaine une étude intelligente, approfondie, et comment on arrive

(1) *L'Art de la lecture*, IVe partie, chap. III.

à faire sentir la valeur d'une fable par le talent de la lecture et de la diction. Personne n'en est mieux convaincu et ne sait mieux en convaincre les autres que Mlle Delaporte, élevée à la grande école de Samson, dont elle enseigne l'art et continue la tradition. Lui entendre lire ou réciter une fable de La Fontaine, c'est assister à une représentation comique ou dramatique, avec ses dialogues, ses personnages, ses événements rendus par la variété des sons et les nuances de la voix. On n'est plus en présence d'un récit ordinaire; on est témoin d'une véritable scène où la parole, fidèle interprète de la pensée, colore chaque vers et donne à l'œuvre écrite une nouvelle vie.

Ainsi, par exemple, *le Coche et la Mouche* lui fournit l'occasion de faire ressortir un contraste dont l'effet est irrésistible :

> Dans un chemin montant, sablonneux, malaisé,
> Et de tous les côtés au soleil exposé,
> Six forts chevaux tiraient un coche.
> Femmes, moines, vieillards, tout était descendu.
> L'attelage suait, soufflait, était rendu.

Ces vers dits lentement, pesamment, transportent l'auditeur sur le lieu même où se trouve le coche. On monte la côte que l'attelage gravit avec tant de peine, et l'on est presque aussi harassé que si l'on avait eu à tirer, en plein soleil, le coche dont les roues s'enfoncent dans le sable, et qui paraît bien lourd encore, malgré la précaution qu'ont eue tous les voyageurs d'en descendre.

> Une mouche survient et des chevaux s'approche,
> Prétend les animer par son bourdonnement,
> Pique l'un, pique l'autre, et pense à tout moment
> Qu'elle fait aller la machine.

Ici, la précipitation du débit imite la légèreté du vol de la mouche. Nous voilà partis avec elle. Tout à l'heure, nous avions peine à marcher. A présent, nous nous mettons à courir, à nous agiter étourdiment. Cette mouche est d'une présomption étonnante! Mais elle est de bonne foi et croit à l'importance de son rôle.

> Il semble que ce soit
> Un sergent de bataille allant en chaque endroit
> Faire avancer ses gens et hâter la victoire.

La solennité d'une pareille fonction se fait sentir dans la gravité un peu railleuse de l'intonation. Notre importune piquait les chevaux pour les faire avancer; elle poussait l'audace jusqu'à se planter sur le nez du cocher. Maintenant, elle blâme tout le monde; elle s'attaque à un moine qui lit paisiblement son bréviaire, à une femme qui chante pour tromper l'ennui de la côte montée à pied.

Enfin, le coche est parvenu sur la hauteur, et la mouche jette des cris de triomphe. Elle réclame son salaire, et ne se doute pas qu'elle est maudite de ceux à qui elle croit avoir rendu tant de services.

Tout est animé, tout est vivant dans ce tableau. Chacune des fables de La Fontaine renferme des richesses de ce genre. C'est une terre dans laquelle on trouve sans cesse des trésors.

La plupart des fables sont du genre familier, et réclament de la part du lecteur de l'esprit, de la finesse, de la gaieté. D'autres sont du genre sentimental, comme *les Deux Pigeons*, *les Deux Amis;* du genre noble et élevé, comme *la Mort et le Mourant, le Vieillard et les Trois Jeunes Hommes, le Paysan du Danube, le Chêne et le Roseau.*

La même fable renferme parfois des vers d'esprit et des vers de sentiment. La Fontaine abonde en semblables contrastes, et il excelle dans ces oppositions qui font valoir les ressources de son style et la souplesse de son talent. Avec un écrivain tel que lui, l'écueil pour le lecteur n'est pas l'uniformité, la monotonie. C'est bien plutôt la variété des tons, les nuances infinies auxquelles doit se prêter l'organe qui sert d'instrument.

Dans deux fables, La Fontaine a abordé des questions philosophiques, et il a su y plier son style, en évitant la sécheresse et l'aridité qui en sont l'écueil en poésie. Les erreurs de nos sens lui ont fourni le sujet de la dissertation qu'il a intitulée *Un animal dans la lune*, et où il montre la raison rectifiant l'illusion de nos yeux. Si les vers n'ont pas l'agrément qu'ils possèdent dans les autres fables, ils sont remarquables par la précision avec laquelle ils traduisent des idées justes.

Les Deux Rats, le Renard et l'OEuf sont à l'honneur de l'esprit et de l'intelligence des bêtes. C'est, en quelque sorte, la justification de la thèse développée dans les autres fables sous mille formes diverses. Les combinaisons stratégiques du cerf poursuivi par le chasseur, les ruses ingénieuses de la perdrix qui protège sa couvée, l'industrie des castors, tour à tour architectes pour construire leurs demeures, et tacticiens lorsqu'ils sont en guerre, autant d'arguments en faveur de l'intelligence des animaux. Commencé en manière de préface, ce long discours en vers se termine par un exposé de doctrine sur ce qu'on pourrait appeler l' « âme des bêtes ». La fable n'y occupe que peu de place. Elle consiste dans l'aventure des deux rats qui se livrent à de savantes combinaisons pour emporter un œuf.

Les bêtes sont-elles dépourvues d'intelligence, comme l'ont prétendu certains philosophes? La Fontaine s'élève contre cette opinion, et il ne fallait pas s'attendre à la trouver sous sa plume. A force d'étudier les animaux et de les faire parler dans ses fables, il aurait pu être disposé à leur prêter plus d'esprit qu'ils n'en ont. Mais ici ce n'est pas à l'imagination qu'il s'adresse ; c'est au jugement et à la raison. Il croit que les bêtes ont plus que des instincts et sont douées d'une faculté inférieure à notre raison, supérieure cependant aux sens et aux ressorts qui les font agir, selon les besoins de leur nature. Leur esprit, leur âme, si l'on peut se servir de ce mot, serait comme un reflet de la lumière, comme la flamme brillante et légère que le feu fait sortir du bois le plus grossier.

Telle était l'opinion de La Fontaine sur l'intelligence des animaux. Voilà ce qu'il en pensait en philosophe, après en avoir parlé en poète et en fabuliste. Il a su nous intéresser à des fictions. En s'éloignant de la réalité, il ne s'est pas éloigné de la nature, et il est resté vrai dans l'invraisemblable. Il a rendu si vivantes les scènes auxquelles il nous fait assister, que nous croyons les retrouver dans la vie réelle. Il a pris successivement, avec aisance, tous les tons, et déployé les ressources d'un génie capable à la fois de force et de grâce.

Selon le mot de M. Legouvé, « lire les poètes tout bas, c'est devenir leur ami; les lire tout haut, c'est devenir leur intime (1) ».

En pénétrant ainsi dans l'intimité de La Fontaine, on l'aimera et on l'admirera davantage. Ses fables, lues avec la voix qui sait les interpréter, sont une source intarissable de jouissances pour l'esprit et pour l'oreille. Lues seulement avec les yeux, elles offrent des plaisirs toujours nouveaux. Elles justifient la louange donnée par Mme de Sévigné à « cette manière de narrer, à ce style auquel on ne s'accoutume point ».

La satiété n'est pas à craindre avec ces aima-

(1) *La Lecture en action,* chap. XVII.

bles peintures et ces piquants récits. Même à ceux qui s'en souviennent, les fables de La Fontaine apportent quelque chose de neuf et d'imprévu. Chacun croit les lire et les entendre pour la première fois.

Le livre, placé sur la table, est souvent feuilleté par la main de l'enfant comme par celle du vieillard, et La Fontaine rapproche les deux extrémités de la vie dans l'œuvre charmante qui, après avoir été le divertissement des jeunes années, ramène le sourire sur les lèvres de celui dont les yeux ont versé beaucoup de larmes.

FIN.

TABLE DES MATIÈRES

PARIS. TYP. E. PLON, NOURRIT ET Cie, RUE GARANCIÈRE, 8. — 1314.

www.ingramcontent.com/pod-product-compliance
Ingram Content Group UK Ltd.
Pitfield, Milton Keynes, MK11 3LW, UK
UKHW022052260726
13993UKWH00001B/67